이이화의 —— 동학농민혁명사

1

이이화 — 동학농민혁명사

1 조선 백성들,
  참다못해 일어서다

교유서가

일러두기

· 일부 인명과 지명, 책명은 외래어표기법을 따르지 않고 통상적 표기에 따랐다.

· 역사를 이야기하기 위한 근현대사 인물에는 존칭을 붙이지 않았다.

· 근현대사 인물의 직함이나 소속은 당시를 기준으로 삼았다.

· 객관적 사실을 서술한 부분에서는 저자를 3인칭화했다.

인간은 평등하다, 더불어 살자

정부기관과 시민단체는 올해 3·1혁명 100주년을 맞아 이를 기념하는 많은 행사를 개최했다. 광화문 거리를 비롯해 전국 곳곳에서 소리 높여 만세를 부르며 통일 의지를 다졌다. 3·1혁명의 뿌리는 1894년에 전개된 동학농민혁명에 근거한다.

우리의 근대사는 어찌 보면 다양한 색깔이 섞여 알록달록한 색동저고리처럼 보이고, 또 어찌 보면 구멍이 숭숭 뚫린 누더기같이 보인다. 하지만 그 내면에는 온갖 모순과 갈등이 얽히고설켜 있고 인간답게 살고자 하는 꿈틀거림이 내재되어 있다.

흔히 우리의 19세기 역사를 '민란의 시대'라 부른다. 봉건적 용어인 '민란'은 민중 봉기를 뜻한다. 민중 봉기가 100년쯤 연이어진 뒤 마침내 동학농민혁명의 횃불이 타올랐고 그 횃불은 우리 근대사의 여명을 밝히는 상징이 되었다. 종은 치는 자의 힘에 비례해 응분의 소리를 낸다. 들판에 울려퍼지는 함성의 메아리도 이와 다를 바 없을 것이다.

봉건 모순에는 불평등한 신분제도와 불균형한 토지제도가 바탕에 깔려 있다. 인간의 존엄성을 짓밟는 신분 차별과 일부 특권층의 토지 소유 및 농업생산의 독점은 사회의 발전을 가로막는 장애였다. 이런 불평등하고 불균형한 제도를 타파하려는 민중 봉기는 역사의 추진 동력이 되었다. 여기에는 많은 희생이 따랐지만 이를 개혁하지 않고는 평등과 인권을 추구하는 근대를 지향할 수 없었다.

동학농민혁명은 인간 평등을 추구하고 자주 국가를 건설하려는 용틀임이었다. 민중은 국가 권력으로 자행되는 국가 폭력에 맞서 목숨을 바쳤다. 이들 주체는 농업사회의 생산대중인 농민을 비롯해 노비, 백정 등 천민집단이었다. 그들은 부당한 지배를 받으며 그들을 옥죄고 있는 올가미에서 빠져나가려 저항했고 그것을 바탕으로 인간답게 사는 권리를 쟁취했다. 그리하여 '양반과 상놈'이라는 봉건적 신분제도는 차츰 역사의 뒤안길로 사라져갔고 불균형의 토지 독점은 타파의 제일 목표로 떠올라 민중의식을 고양시켰다.

게다가 제국주의 열강의 약육강식과 우승열패(優勝劣敗)에 맞서 저항운동을 펼쳤다. 19세기 말 조선은 유럽의 발칸반도가 되어 국제분쟁 지역으로 떠올랐다. 일본의 개입과 청일전쟁으로 국가 자주의 지위가 짓밟혔고, 동아시아 국제질서가 개편되는 결과가 빚어졌으며, 미국·영국·러시아 등 제국주의 국가가 조선이 일본의 식민지가 되는 길을 열어주었고, 남북 분단의 원인(遠因)도 제공했다. 그 과정에서 그 누구보다도 농민혁명 세력이 저항에 앞장섰다. 비록 수많은 농민군이 우수한 근대 무기 앞에 죽어갔지만 동학농민혁명이 던지는 의미는 저항적 민족주의 또는 생존적 민족주의로 지금까지도 고스란히 전해지고 있다.

동학농민혁명의 전개과정은 매우 다양하고 복잡했다. 먼저 동학농민혁명이라는 용어에서 동학과 농민의 문제부터 살펴보자. 동학은 창도 당시부터 "사람이 한울이다"라는 명제를 내걸고 불평등한 신분 차별의 타파를 주창했다. 또한 '동쪽에서 일어난 학'이라 하여 주체성을 표방했으며 새로운 세상을 열망하는 개벽(開闢)을 내세웠다. 비록 동학도들이 주문을 외고 신비적 분위기에 심취되기도 했으나 종교적 외피(外皮)와는 구분된다고 정의할 수 있다.

한편, 동학농민혁명의 주체로 농민을 내세운 것은 당시 생산계층의 대다수가 농민이었다는 관점에서 출발되었음을 의미한다. 동학농민혁명은 기본적으로 농업생산물의 국가 수탈에 저항, 농민 권익의 보장 등을 지향했다. 그리하여 사회경제학자들이 이 용어를 역사 용어로 처음 사용했다. 농업사회에서 농민에게 들씌워 발생하는 모순을 개혁하려는 의미에 맞추었다고 보아야 할 것이다. 이는 유럽에서 일어난 독일 농민전쟁의 사례에서도 확인할 수 있다.

혁명의 전개과정에서 동학도뿐 아니라 많은 노비와 백정, 유랑민 들이 활발히 참여했고 농촌 지식인과 몰락 양반, 문벌정치를 반대하는 전관 벼슬아치 들이 가담했다. 또한 부당한 외세를 배격하는 지식인들도 합류했다. 게다가 수탈에 시달리는 중간 지주들도 참여와 지원을 아끼지 않았다. 그러므로 '민중혁명'이라 명명해도 본질에 어긋나지 않을 것이다.

따라서 이 책에서는 갑오농민전쟁이나 동학혁명, 또는 1894년 농민전쟁이라 부르는 것보다 동학농민혁명이라 하는 편이 본질에 더 가깝다고 보았다. 현재 국사 교과서에 동학농민운동이라 표기하고 있는 것은 어느 정도 합리성이 있다고 판단된다.

한편, 이 책에서는 약소민족이 당한 수난을 소박하게 기술했지만 우월적 또는 배타적 민족주의 관점에서 접근하지 않았음을 밝혀둔다. 비록 당시 참여자들이 척양척왜(斥洋斥倭)를 외쳤지만 이는 배타적 민족주의에 토대를 둔 것이 아니라 자신들을 방어하려는 방법에서 비롯된 것임을 유의해야 한다.

이 책은 총 3권으로 구성되었다. 1권에는 전사라 할 19세기 전반기의 여러 관련 사실을 설명했고, 이어 삼남 농민 봉기와 개항 이후 외국 상품의 시장 침투 및 민중의 동향 등을 살펴보았다. 여기에는 안동 김씨와 여흥 민씨의 문벌-세도 정치의 비행과 양반-토호의 횡포를 서술했다.

그리고 본론으로 들어가 동학의 전파와 농민과의 결합과정을 살펴보았다. 보은과 원평의 대대적 집회 모습, 고부와 무장에서 일어나 전주성을 점령하기까지 그리고 전주화약을 맺은 뒤 집강소 활동을 벌인 내용을 실었다. 이들 서술이 단순한 사실 전달에 치우쳐 때로 건조한 면도 있으나 그 안에는 흥미진진한 밑바닥 이야기가 깔려 있다.

2권에는 일본이 동학농민혁명 봉기를 빌미로 조선에 진출해 왕조를 짓밟고 개화 정권을 수립한 뒤 청일전쟁을 도발하고 농민군 섬멸작전에 나선 이야기를 담았다. 이 부분이 본론에 속할 것이며, 또 이는 가장 처절한 비극적 드라마일 것이다. 마지막으로 주력 농민군이 아닌 여러 지역의 봉기과정을 실었다. 이 시기의 일본군은 한반도에서 최초로 남조선 대토벌작전에 따라 대량 학살(genocide)을 자행했다.

3권에는 전봉준 등 지도자들이 일본 영사경찰과 개화 정권 재판소의 문초를 받고 처형된 과정을 먼저 서술하고 그들의 죽음과 항일의병 및 3·1혁명의 가담과정에 대해 살펴보았다. 마지막으로 식민지 시기와 해방 뒤 탄압을 받으면서도 어떻게 그 의미를 드러내고 100주년을 맞이해 명예 회복을 했는지, 어떻게 전봉준 동상이 처형장인 종로 1가에 세워지게 되었는지 동학농민혁명 기념일이 제정된 과정 등을 간략히 덧붙였다.

끝으로 몇 가지 덧붙일 말이 있다. 이 책은 사료에만 지나치게 치중한 학술연구서의 서술방식만을 빌리지 않고 증언을 활용하는 방법을 도입했음을 밝혀둔다. 그래서 주석을 일일이 달지 않고 꼭 필요한 대목의 본문 안에 간략히 표시했다. 이와 관련된 사료는 근래 국내뿐 아니라 일본의 여러 매체에서 발굴해 다 읽기에도 힘들 지경이다. 원전에 충실하되, 이야기체로 전하는 것이 쉽지 않음을 새삼 느꼈다.

다음으로는 역사 용어를 현대적 감각으로 많이 바꾸었다. 관용으로 굳어진 학술용어는 무리하게 바꾸지 않았지만 정확하게 실상을 전달할 수 없거나 현대 감각에 맞지 않을 경우에는 과감하게 바꾸었다. 예를 들면 잔반(殘班, 몰락 양반)이나 무전농민(無田農民, 농토가 없는 농민)과 같은 용어는 풀어서 썼다. 이 책의 내용 서술은 논리적으로는 엉성할지 모르겠으나 정서적으로는 윤택하다 할 수 있다.

글쓴이는 평생 이 화두를 잡고 힘든 씨름을 해왔다. 30대부터 이와 관련된 사료를 읽고 분석하면서 전국 곳곳의 현장을 답사했고, 많은 후손을 만났으며, 여러 연구자와도 의견을 나누었다. 사료에만 치중한 것이 아니었다는 말이다. 그 과정에서 『전봉준, 혁명의 기록』, 『동학농민전쟁:인물열전』 등과 그 지역 사례를 든 글을 써왔다. 이 책은 이를 총정리했다는 의미를 지닐 것이다.

또 이 책에는 자료 사진과 현장 사진을 많이 수록했다. 청소년이나 일반 독자는 이 사진들을 통해 사실감을 느낄 수 있을 것이다. 현장은 오랜 세월 지나면서 많은 변화를 가져왔고 새로 조형물이 설치되기도 했다. 이들 사진은 과거와 현재의 대화에 매개체 역할을 할 것이다.

3·1혁명 100주년인 올해 동학농민혁명의 의미를 되새겨보아야 할 것이다. 3·1혁명은 동학농민혁명의 정신을 이어받아 침략자 일본에 저항해 민족 자주를 지향했다. 그 전통은 4·19혁명, 5·18민주화운동, 6월 민주항쟁 등 반독재 민주화운동으로 이어져 촛불혁명으로 마무리되었다. 독자들은 이 책을 읽으면서 근현대사를 관통한 그 민족사적 의의를 이해해야 할 것이다.

역사는 기억해야 살아 있는 유산이 된다. 기억하지 않으면 그 사실이 던져주는 진실을 깨닫고 미래의 교훈으로 삼을 근거를 잃어버리게 된다. 동학농민혁명의 진실을 기억해 미래 인권과 통일의 유산으로 삼아야 할 것이다. 이 책은 그런 기억을 위해 늙은 역사학자가 독자에게 선사하는 선물이 될 것이다.

이 책이 나오기까지 편집, 출판 등 도움을 준 교유당의 신정민 대표, 동학농민혁명 관련 판화를 제공해준 박홍규 판화가, 사진 자료를 제공하고 편집해준 동학농민혁명기념재단의 이병규 연구조사부장에게 고마운 마음을 전한다. 특히 이병규 연구조사부장은 현장 사진을 작품으로 만들고 자료 사진을 수집해 이 책 독자의 이해에 큰 도움을 주었다.

2019년 겨울,

통일로 가는 길가에 있는 마을 헤이리에서

『이이화의 동학농민혁명사』 출간에 부쳐

추기를 쓰기로 했으나 선뜻 손에 잡히지 않았다. 왜 그럴까 그 이유를 곰곰이 생각해보았다. 아마도 이이화 선생님을 더이상 뵐 수 없다는 사실에 직면해야 하기 때문이 아니었을까. 선생님과 함께했던 시간과 그 시간 동안 뵈었던 선생님의 모습, 그리고 그 시간 안에 담긴 선생님의 이야기가 다시금 떠올라 슬픔으로 다가오는 것을 피하고만 싶었다. 결국 이런저런 핑계로 차일피일 미루다 쓰게 되었지만 부족한 글이나마 조금이라도 선생님께, 그리고 이 책을 활용하는 독자들에게 도움이 되길 바라는 마음뿐이다.

이 책은 이이화 선생님께서 오랜 시간 심혈을 기울여 준비한 결과물이다. 얼마 전까지 수많은 자료를 찾고 글을 쓰며 즐겁게 준비하셨는데,

책이 나오는 것을 끝내 보지 못하신 채 안타깝게도 2020년 3월 18일 별세하셨다. 그렇기 때문에 이 책이 나오기까지의 과정을 설명하는 것이 독자의 이해를 돕는 데 필요하다고 생각되어 간략하게나마 소개하고자 한다.

그동안 이이화 선생님은 『이이화의 한국사 이야기』를 비롯해 수많은 저술을 통해 역사의 대중화에 기여하셨다. 그중 선생님께서 특별히 많은 관심을 가지고 시간과 노력을 기울이셨던 역사적 사건이 바로 동학농민혁명이다. 1996년 동학농민혁명 관련 사료를 총망라하여 정리해 연구에 획기적인 계기를 마련한 『동학농민전쟁사료총서』가 발간되었는데, 이때 선생님께서 가장 큰 역할을 담당하셨다. 그뿐 아니라 『전봉준공초』를 비롯한 사료 번역도 대부분 선생님의 손을 거쳤고 『동학농민전쟁:인물열전』 등 많은 단행본도 저작하셨다. 그만큼 동학농민혁명 연구에 많은 힘을 쏟으셨다.

이이화 선생님을 처음 뵌 것은 필자가 동학농민혁명을 본격적으로 연구하기 시작한 1998년이다. 이때부터 22년에 걸쳐 선생님과 함께 동학농민혁명 연구 및 기념사업을 진행하게 되었다. 선생님께서는 종종 남은 당신 생애 동안 꼭 완성해야 할 작업이 있다고 말씀하셨다. 다름 아닌 동학농민혁명 전체를 통괄하는 통사를 저술하는 것이었다. 그 책이 바로 『이이화의 동학농민혁명사』다.

2018년 4월 이이화 선생님은 전봉준 동상 건립을 마무리하신 후 본격적으로 원고 집필 작업에 착수하셨다. 한창 작업을 진행하시던

2019년 여름 무렵 초고본을 보내주시며 필자에게 특별히 부탁하신 일이 하나 있었다. 작업중인 책에 들어갈 관련 사진을 선별해달라는 것이었다. 필자는 선생님의 부탁을 흔쾌히 받아들이고 오랜 기간 동학농민혁명을 연구해오는 동안 수집했던 자료들을 하나하나 검토하며 책 내용에 맞게 사진을 고르기 시작했다. 즐거운 작업이었지만 동시에 상당한 시간이 소요되는 고된 일이기도 했다. 몇 달간의 작업 끝에 선별한 사진을 보내드리고 일부 원고 내용도 검토하며 여러 차례 왕래하면서 선생님과 의견을 교환했다.

그러던 2019년 11월경 이이화 선생님께서 갑작스레 수술을 받으신다는 소식을 들었다. 선생님은 수술을 준비하며 병원에 입원해 계시면서도 걱정하는 필자에게 전화로 "사람이 죽는 병이 아니고 간단한 수술이니 염려할 것 없다"라고 하시며 안심시켜주셨다. 많은 사람의 바람대로 수술은 잘 되었으나 예상치 못한 부작용이 생겨 깨어나지 못하셨고 결국 더이상 선생님을 뵐 수 없는 안타깝고 참담한 상황에 처하게 되었다. 준비하지 못한 이별이었던 만큼 후유증은 꽤 오랜 시간 이어졌다. 그럼에도 불구하고 출간 작업을 멈출 수 없었던 것은 이 책이 세상에 나와 빛을 보는 것이 생전 선생님의 오랜 숙원이었음을 누구보다 잘 알고 있었기 때문이다. 슬픔 속에서도 교정 작업을 진행했고 선생님의 집필 의도에 어긋나지 않는 선에서 여러 번의 교정과 수정 작업을 한 끝에 마침내 출간할 수 있게 되었다.

사진을 선별하고 내용을 검토하면서 수없이 원고를 읽었다. 그 과정에서 이이화 선생님이 이 책에 담고자 하신 의미를 자연스럽게 깨닫게 되었다. 책에 담긴 동학농민혁명 이야기를 읽으며 지금까지의 그 어떤 책보다 큰 감동과 특별함을 느꼈다. 필자 역시 오랫동안 동학농민혁명을 연구하는 일에 몸담아온 사람으로서 그동안 동학농민혁명 전체를 통괄해 기술한 책이 없었음에 늘 아쉬웠다. 언젠가 그리고 누군가는 반드시 이루어야 할 중요 과업 중 하나라고 생각했는데, 한평생 동학농민혁명을 연구해오신 이이화 선생님의 통찰력으로 그 과업이 완성되었다고 생각하니 마음이 한결 가볍다. 부족하나마 이 작업에 필자도 참여하게 된 것을 기쁘게 생각한다.

이 책이 기존의 서적들과 구별되는 점은 단순히 동학농민혁명을 설명하는 데서 그치지 않고 한 발 더 나아가 혁명을 기억하고 기념하는 내용도 함께 포함해 기술했다는 사실이다. 역사는 끊임없이 재해석의 과정을 거치면서 새로운 의미를 부여받게 된다. 동학농민혁명이라는 역사에 새로운 의미를 부여하기 위한 가장 핵심적이고 중요한 초석을 한평생 이이화 선생님이 맡아 닦아오셨고 그 위에 당신이 직접 책을 출판하는 일로 완성하셨기에 그 무엇보다 특별하다.

이이화 선생님을 떠올리며 오늘도 많은 생각을 한다. 동학농민혁명 연구와 기념사업이라는 이 힘들고 험난했던 길, 누구 하나 알아주지 않는 이 길에 한평생을 바치신 이유는 무엇일까. 대답은 너무나도 분명하다. 바로 '사람을 사랑하는 마음, 인간 개개인에 대한 사랑과 연민'의 마음을 가지셨기 때문이다. 필자가 가까이서 지켜보았던 이이화 선생님은 다양한 방식으로 늘 주위 사람을 배려하셨다. 가령 학술대회, 강연, 번역 등으로 선생님께 원고를 요청하면 단 한 번도 기한을 어기신 적이 없었다. 당신이 기한을 어김으로써 사업을 진행하는 필자나 담당자가 얼마나 고초를 겪을지 알고 배려하신 결과였다. 이런 단적인 예만 보더라도 평소 얼마나 사람을 이해하고 배려하셨는지 쉽게 알 수 있다. 바로 동학농민혁명의 정신이다.

이제 더이상 이이화 선생님을 뵐 수 없다. 너무나도 슬픈 일이다. 하지만 그동안 선생님이 쓰신 글, 매진하셨던 연구, 기념사업 성과 등 선생님께서 남기신 많은 열매를 통해 이 대한민국에 살고 있는 많은 사람에게 계속해서 큰 가르침을 주실 것이라 믿는다. 특별히 선생님의 애정과 땀이 가득 배어 있는 이 책을 통해 이이화 선생님의 동학농민혁명 정신이 사람들의 마음속에 영원히 이어지기를 기대해본다.

2020년 5월

이병규(동학농민혁명기념재단 연구조사부장)

차례

1장

나라를 거덜낸
세도정치

물거품이 된 정조의 개혁정치

1800년 6월 28일 푹푹 찌는 여름날의 낮 더위가 채 가시기 전인 초저녁에 정조(正祖, 재위 1776~1800)가 종기를 앓다가 창경궁에서 숨을 거두었다. 평소 활쏘기로 건강을 단련했던 터라 정조의 죽음은 갑작스러웠다. 이 소식을 먼저 들은 창경궁의 궁녀들이 통곡했다. 이어 이 소식이 여염으로 나돌자 백성들은 호곡하면서 가슴을 쳤다. 시전이 널려 있던 종로 피맛골 언저리와 남대문 바깥에서 난전을 벌이고 있던 장사꾼들은 창경궁 앞으로 몰려와 궁중의 동정을 살폈다. 어떤 사람들은 임금을 독살한 배후를 밝혀 원수를 갚아야 한다고 주먹을 불끈 쥐기도 했다.

정조는 나라의 기강이 무너져내리던 조선 후기에 위민사상(爲民思想)을 바탕으로 한 개혁 정책을 폈다. 그는 모든 폐단과 부정을 막고 백성의 고통을 덜어주기 위해 온 힘을 쏟아부은 개혁 군주였다. 정조는 백성의 고통을 생각하며 밤이 새도록 정무를 보면서 때로는 한숨을 쉬었고, 때로는 눈물을 흘렸으며, 때로는 끼니를 거르기도 했다.

정조는 정치를 잘하려면 바른 버슬아치를 양성해야 한다고 생각했다. 그리하여 젊은 버슬아치들을 모아 다양한 분야의 실력을 쌓게 한 뒤 백성을 다스리는 일에 앞장세웠다. 바로 규장각을 설치해 인재를 길렀던 것이다. 그는 바른 버슬아치들을 뽑아 수령으로 파견한 뒤 혹시라도 부정한 짓을 저지르지 않는지 암행어사를 보내 감시했다. 인재는 신분이나 지역과 상관없이 재주와 능력에 따라 고루 등용했다. 즉 출신지역, 당파, 문벌 등을 가리지 않고 능력에 따라 좋은 버슬을 주었다.

소외를 당하던 서자들도 차별하지 않고 규장각 등 주요 요직에 등용하려 애썼다. 또 척족 세력의 발호를 막으려 여러 조치를 단행했다. 곧 왕비의 친정붙이들이 조정에 나와 권력을 휘두르는 일을 막았다. 이들 척족 세력은 견제를 받아 숨을 죽이며 예전처럼 함부로 행동하지 못했다.

백성의 소리를 들으려고 여러 방도를 찾아 시행했다. 창덕궁 앞에 한때 사라진 신문고(申聞鼓)를 설치해 백성들이 하소연할 때 치게 했으며 자신이 나들이할 때 격쟁(擊錚, 징을 치는 것)해 억울함을 호소하게 했다. 정조는 백성들의 고통과 억울함을 낱낱이 듣고 풀어주었다.

죄수의 고통을 덜어주기 위해 규격을 어긴 형벌 도구를 바르게 만들어 적용하게 했고, 죄수에게 가혹한 형벌인 주리를 틀거나 물볼기를 치지 못하게 했으며, 감옥 안에서 죄수에게 채우는 항쇄(項鎖)나 족쇄(足

鎖)도 함부로 사용하지 못하게 했다. 또 도망친 노비들을 잡아들이지 못하게 조치했다. 관아의 공노비든 민간의 사노비든 호된 부림과 과도한 신공(身貢, 몸값으로 내는 면포)에 시달리다 도망치는 일들이 많아 상전과 포졸들이 잡아들이느라 부산을 떨었다.

조선의 농민 1880년 후반 조선의 농민 모습으로 고단한 삶의 흔적을 엿볼 수 있다(동학농민혁명기념재단).

무엇보다 영세한 농민들에게 국가 조세를 호되게 거두는 폐단을 막으려 노력했다. 전호(佃戶)는 소출의 7할에서 8할을 지주 또는 국가에 도조나 조세로 바쳐야 했다. 게다가 관아의 부역에 시도 때도 없이 불려나갔고, 감·밤 따위의 지역특산물을 과도하게 바쳤으며, 온갖 무명잡세(無名雜稅)를 내야 했다. 이를 막기 위해 여러 제도장치를 마련했다.

그동안 장인들이 만든 물건을 시장에 직접 내다 팔지 못하던 폐단을 고친 통공 정책으로 누구나 마음대로 시장에서 팔 수 있도록 허락했다. 또 종로의 어용상인들은 관아에 물품을 공급하는 대가로 일정한 물종을 독점으로 팔면서 난전을 금지하는 특권을 주었는데, 이 특권을 빼앗

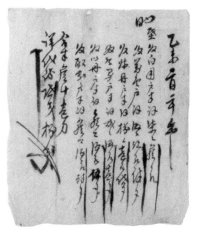

노비 문서 조선에서는 1801년에 공노비를 해방했다(동학농민혁명기념재단).

고 영세한 난전 상인들에게 상행위의 자유를 주었다. 정조는 이런 크고 작은 개혁에 밤낮으로 몰두했다.

그러나 정조가 갑자기 죽고 열한 살의 순조가 왕위에 오르자 정순대비(정순왕후) 김씨가 대왕대비의 지위로 어린 순조를 대신해 정사를 맡았다. 정순대비는 민심은 아랑곳하지 않고 정조를 따르던 신하들을 모조리 몰아내고 정조의 개혁을 반대하던 신하들을 골라 조정의 요로에 앉혔다. 조선 천하를 하루아침에 뒤엎어놓은 것이다. 그러자 정순대비가 정조를 죽였다는 소문이 날개를 달고 더욱 퍼져나갔다.

그런데 정순대비는 정조가 이루려는 개혁 정책 가운데 한 가지 일만은 함부로 뒤집을 수 없었다. 바로 공노비를 해방시키는 조치였다. 1801년 중앙의 여러 관아에 소속된 노비 6만 6000여 명을 해방시켰다. 수로 따지면 전체 노비의 10분의 1도 안 되었지만 역사적 의미는 컸다.

이들 노비 문서를 창덕궁 돈화문 앞거리에 산더미처럼 쌓아놓고 불태웠다. 하루종일 기름 묻은 노비 문서 뭉치가 마파람에 타들어갈 때 노비들이 몰려나와 조심스레 구경했고 연기가 검은 구름처럼 치솟을 때

비로소 실감이 났는지 손을 맞잡고 두 손을 번쩍 치켜들며 환호성을 지르고 감격의 눈물을 흘렸다. 이 조치가 우리나라 노비 해방의 첫걸음이었다.

다른 나라의 경우 프랑스혁명 시기에 흑인 노예를 해방시키는 조치를 단행했으나 1802년 나폴레옹이 부활시켰다. 영국에서는 1807년 노예 무역을 폐지했고, 미국에서는 1863년 링컨이 노예 해방을 선포했으며, 중국에서는 1910년에 이르러서야 실현되었다. 조선에서 노비 해방이 전면적으로 이루어진 것은 1894년 이후에야 가능했으며 그마저도 단계적으로 실행되었다.

조선 후기부터 노비들이 관아나 상전의 지시를 듣지 않고 맞서는 분위기가 팽배해졌다. 상전이나 양반, 벼슬아치 들이 종들을 함부로 부릴 때 종들은 예전과 달리 맞서 대항했다. 관아와 상전들은 당황했다. 노비들이 없어지면 담배와 재떨이를 들고 나설 심부름꾼도, 농사를 지어줄 일꾼도 없어지기 때문이었다.

노비들은 떼거리를 지어 도망쳤다. 상전들은 노비를 잡으려고 지리산 등지의 산골짜기로 숨어들었다. 옛 상전을 본 노비들은 몽둥이를 꼬나들고 맞섰으며 상전을 개골창에 처박고 짓밟거나 목숨을 빼앗기도 했다. 너도나도 노비 문서를 팔려고 내놓았으나 아무도 사지 않았다.

실정이 이렇다보니 관아의 노비 문서는 실제로 부도 수표나 마찬가지였다. 따라서 궁중 소속의 노비 문서는 쓸모없어 불태우는 수밖에 없었다. 만약 정조가 살아 그뒤로도 노비 해방을 전면적으로 추진했다면 세계 인권사에 길이 남을 일이었을 것이다. 그뿐 아니라 동학농민혁명의 양상도 달라졌을 것이다.

정조의 개혁정치는 꺼져가는 등불 같은 조선왕조를 일으키려는 몸부림이었으나 불행히도 그는 너무 일찍 세상을 떠났다. 열한 살의 어린 나이에 즉위하게 된 새 임금을 대신해 관례대로 수렴청정을 하게 된 정순대비는 친정붙이를 끌어들여 사태를 수습하려 꾀를 짜냈다. 하지만 이 난국을 풀어나가기에는 버거웠다. 그러므로 이 모든 개혁과 개혁의 좌절을 지켜본 백성들은 깨닫는 바가 많았을 것이다.

반동의 시대, 우리끼리 해먹자

김조순은 어린 세자의 뒷일을 부탁한 정조의 명에 따라 순조의 후견인이 되었고 정순대비는 이를 무시할 수 없었다. 노회한 김조순은 정순대비를 쥐락펴락하며 열두 살짜리 자기 딸을 새 임금의 왕비로 앉혔다. 이때부터 새로운 권력 판도가 바뀌었고 한국 근대사가 뒤틀어지는 계기가 되었다. 정순대비는 수렴청정을 한 지 4년 만에 뒷전으로 물러났고 임금의 장인인 김조순이 권력을 쥐었다. 이로 인해 조선의 국운이 또 한 번 기울어지게 되었다.

이른바 안동 김씨 중심의 세도정치 또는 문벌정치가 들어선 것이다. 몇몇 문벌끼리 다 해먹는, 이른바 짜고 치는 '짝짜꿍 정권의 시대'가 열린 것이다. '세도'라는 말은 권력을 틀어쥐고 마구 휘두른다는 뜻이요,

'문벌정치'라는 말은 문벌끼리 벼슬자리를 차지한다는 뜻이다. 영조와 정조가 그토록 걱정하던 파행의 정치가 다시 시작된 것이다.

순조는 '장인어른'에게 휘둘려 27년 동안 임금 노릇을 하다가 넌덜머리가 났는지 세자에게 대리청정을 맡겼다. 그리고 장인의 뜻을 거스르고 조만영의 딸을 며느리로 맞이했다. 아무리 허수아비 노릇을 하는 왕일지라도 한가락은 할 줄 알았던 모양이다. 이제 안동 김씨에서 조만영의 풍양 조씨가 잠시 세도를 잡게 되었다. 그런데 세자가 대리청정한 뒤 4년 만에 죽었다. 그리하여 순조가 다시 임금 노릇을 하게 되었다.

1834년 순조가 죽어 왕세손인 헌종이 여덟 살의 나이로 임금 자리에 오르자 김조순의 딸인 대비가 수렴청정을 하게 되었다. 다시 안동 김씨의 세도정치가 들어선 것이다. 호된 시련을 겪은 안동 김씨 패거리, 곧 김병국, 김병학 등은 모질게 마음을 먹었다. 그들은 다시 김조근의 딸을 왕비로 앉혔다. 헌종은 15년 동안 임금 노릇을 하면서 할아버지보다도 더 꾸어다놓은 보릿자루처럼 입을 다물고 있었다. 안동 김씨들은 더욱 벼슬을 팔아먹고 이권을 거머쥐었다.

1849년 헌종이 후사 없이 세상을 떠나자 강화도령이라는 별명의 소년 이원범을 데려와 임금에 앉혔다. 이 소년이 바로 철종이다. 철종은 사도세자의 증손자로 강화도에서 나무를 하면서 생계를 잇던 무식쟁이였다. '데려왔다'는 말은 강화도령 이원범이 헌종의 아저씨뻘이어서 왕가의 소목(昭穆, 왕실의 계통)의 질서에 어긋난다. 안동 김씨들은 왕위 계승권자로 물망에 오른 이하전을 역적으로 몰아 죽이고 먼 왕족인 이하응을 주목했다. 하지만 그들은 상가에서 술을 얻어먹으면서 투전판을 기웃거리는 그를 폐인으로 취급했다. 그러다보니 왕족들은 안동 김씨들의 눈치를 살피며 숨을 죽였다.

철종의 왕비는 김문근의 딸이었다. 철종은 문자를 모르는 탓에 온갖 상소를 비롯한 공문서를 읽을 줄 몰랐다. 그는 안동 김씨 일파가 하자는 대로 했고 술에 절어 후궁들과 노닥거리기만 했다. 안동 김씨 일파는 겉으로는 철종을 성인처럼 받든다고 떠벌리면서 궁중에서는 임금 대우를 눈곱만치도 해주지 않았다. 안동 김씨 중심의 독점적 문벌정치는 나름의 정치기술을 보였다. 한 문중이 모든 벼슬과 이권을 독차지한다는 비난에서 벗어나기 위해 다른 몇몇 문벌가를 끌어들여 벼슬과 이권을 나누어 가졌다. 그 문벌가들은 조씨 왕비의 친정붙이인 풍양 조씨를 비롯해 반남 박씨, 한양 조씨, 풍산 홍씨, 연안 이씨 따위였다. 이들 문중은 하찮은 벼슬을 얻어도 감지덕지하고 안동 김씨 일파에 협조를 아끼지 않았다.

문벌정치는 무엇보다도 중요한 벼슬자리를 독차지하는 것으로도 모자라 방백, 수령 자리까지 마구잡이로 팔아먹었다. 전라감사, 여주목사, 김해군수 등은 벼슬자리에 따라 제각각 값이 매겨져 있었다. 이들 방백과 수령은 임기 3년 동안 본전을 뽑아야 했지만 임기를 채우지도 못하고 후임자에게 쫓겨나기 일쑤였다.

또한 방백과 수령 들이 삼정(三政)을 통해 수탈한 국고를 개인 재산으로 빼돌려 개인의 곳간을 채웠고 관가에서 벌이는 온갖 공사의 경비를 착복했다. 그리하여 안동 김씨 일파는 북촌의 장동에 대궐 같은 저택을 짓고 살았다. 이들 저택 대문 앞에는 수레와 마소에 뇌물 짐바리를 싣고 온 사람들로 사시사철 장터처럼 북적였다. 이에 전라도 선비 황현은 "나라가 있다는 것은 몰라도 장김(壯金, 장동에 사는 김가들)이

정약용 정조의 승하로 정약용이 추구한 개혁은 성과를 내지 못했다.

있다는 것은 다 알고 있다"라고 했다.

정조가 이루려던 인간답게 살자는 구상은 이렇게 하나씩 먼지처럼 날아갔다. 실학파가 제시한 여러 개혁 방안도 깡그리 무시되었다. 오히려 그런 주장을 하는 인사들에게 정치적 압박이 가해졌다. 여기에 묻힌 중간급 벼슬아치가 바로 정약용이었다. 정약용은 정조의 이념을 누구보다도 충실히 받드는 개혁사상가였다.

정약용은 천주교 신자라는 혐의를 쓴 채 추국청(推鞫廳)에 끌려가 죽을 고비를 넘기고 후미진 남쪽 강진 고을로 귀양살이를 가는 처지가 되었다. 그의 개인사로는 불행일지 모르겠지만 역사적인 측면에서는 행운이었다.

관서농민전쟁 1811년 평안도 지역에서 일어난 농민 항쟁으로 홍경래의 난이라고도 한다.

정주성 홍경래와 북진군은 정주성을 점령했다.

정약용과 방외거사들의 한탄

현실 개혁을 주장했던 실학파의 후손들은 시골에 묻혀 방외거사(方外居士)를 자처하며 현실을 비판하는 시를 지었고 애써 서울로 올라오지 않았다. 어쩌다가 올라온다 해도 북촌의 솟을대문 언저리에는 더럽다고 얼씬도 하지 않았다. 하지만 몇몇 지식인은 세상을 바로잡아야 한다는 의지를 불태웠다.

1811년 세도정치에 맞서 관서농민전쟁(홍경래의 난)이 일어나 평안도 지역이 큰 피해를 입었다. 그들은 지역 차별의 철폐와 노비 등 천민의 지위 개선을 부르짖었다. 하지만 안동 김씨 일파는 반성하기는커녕 더욱 부정한 짓을 저질렀다. 그러면서 지식인들을 더욱 압박했다.

그 대표적인 예가 바로 정약용이었다. 그는 스스로 중앙 정계에서 물러난 것이 아니라 강진으로 쫓겨났다. 천주교 신도라는 누명을 쓰고 고문받을 때 그는 죽음을 각오했을 것이다. 셋째 형 정약종은 맞아 죽었으나 다행히 정약용은 둘째 형 정약전과 함께 각각 강진과 흑산도로 귀양살이를 가는 것으로 목숨을 부지할 수 있었다. 정약용은 강진 산속에서 고심의 나날을 보냈다. 그가 강진에서 본 농민들의 생활은 벼슬아치로 있을 때 바라보던 농민들의 생활과는 너무나 달랐다. 강진 지방은 관리의 수탈이 가장 질기게 행해지던 곳이었다. 그의 고향인 양주 마재에서는 볼 수 없었던 사정들이 여기에서는 동구 거리만 걸어보아도 한눈에 들어왔다.

정약용은 백성들의 고통을 시로 짓기도 했다. 다음은 경기도 암행어사 순찰시 백성들의 삶을 보고 지은 「기민시(飢民詩)」의 몇 구절이다.

마른 목은 길쭉하여 따오기 모양이요
병든 살갗 주름져 닭살 같구나.

우물은 있다마는 새벽 물 긷지 않고
땔감은 있다마는 저녁 밥 짓지 못해

관가의 돈 궤짝 남이 볼까 쉬쉬하니
우리들 굶게 한 건 이 때문이 아니더냐.

관가 마구간에 살찐 저 말은
진실로 우리들의 피와 살이네.

　　　　　　　　　　　－송재소 옮김, 『다산시선(茶山詩選)』

　이 시는 백성의 굶주림과 관가의 부정을 고발하고 농민의 참상을 형
상화한 것이다. 또한 정약용은 강진에 있을 때 양물(陽物)을 잘라낸 남
편을 둔 지어미의 한탄을 「애절양(哀絶陽)」이라는 시제로 읊었다.

달려가서 억울함을 호소하려도
범 같은 문지기 버티어 있고
이정(里正)이 호통하여 단벌 소만 끌려갔네.

남편 문득 칼을 갈아 방안으로 뛰어들자
붉은 피 자리에 낭자하구나.
스스로 한탄하네, "아이 낳은 죄로구나"
말·돼지 거세함도 가엾다 이르는데
하물며 뒤를 잇는 사람에 있어서랴.

　　　　　　　　　　　　　　　　　　　－『다산시선』

지아비가 죽은 시아버지와 갓난아이까지 군적에 올라 있는 것을 보고 거세할 수밖에 없었다는 내용이다. 이 시는 전혀 허구가 아닌 농촌의 참상이었다. 이런 사회의식을 지닌 정약용은 관리들을 이리와 승냥이로 빗댄 「시랑(豺狼)」이라는 시를 지었다.

장독엔 소금 한 톨 남지 않고
뒤주엔 쌀 한 톨 없노라
큰 솥 작은 솥 다 앗아가고
숟가락 젓가락 다 훔쳐갔네
자식 이미 팔려갔고,
내 아낸들 누가 사랴
내 가죽 다 벗기고
뼈마저 부수려나
부모여, 사또여
고기 먹고 쌀밥 먹고
사랑방에 기생 두어
연꽃같이 곱구나

—『다산시선』

이 시에서 말하는 부모는 친부모가 아니라 벼슬아치를 뜻한다. 옛날에는 벼슬아치를 부모에 비유했다. 관리의 부정은 이 지경에 이르렀다.

정약용은 감상과 한탄에 젖어만 있기에는 너무나 논리적인 이론가였다. 비록 그는 유배지에 있었으나 백세(百世)의 경세가였다. 정약용은 관리의 부정을 막고, 나라의 폐정을 뜯어고치고, 백성의 참상을 구제하기 위해 하나의 방책을 제시하는 작업을 시작했다.

18세기에 일종의 문학동호회인 송석원시사(松石園詩社)의 일원이었던 조수삼은 당시 실정을 이렇게 읊었다. "옆집에 과부가 아홉이요, 곡도 하기 전에 먼저 피눈물이 흐르네." 또한 배를 주리고 추위에 떠는 백성에게 조세를 독촉하는 벼슬아치들을 다음과 같이 묘사했다.

> 벼슬아치는 드세게 독촉하고
> 이정(里正)은 채찍을 휘두르는구나
> ……
> 가난한 자는 아들딸 팔아먹고
> 부한 자는 옷마저 벗어주는구나
>
> —『추재집(秋齋集)』

그는 세상을 범상하게 바라보지 않았다. 그들의 여항문학(閭巷文學)은 사대부의 음풍농월과는 사뭇 달랐다. 새로운 민중 정서를 담은 기풍을 만들어냈던 것이다. 역과중인(譯科中人) 출신이었던 조수삼은 온 나라를 돌아다니며 시를 지었고 다음과 같이 당시의 사회 현실을 사실적으로 표현한 시를 읊었다.

가을에는 열 말 쌀 실어갔고

봄에는 다섯 말 겨마저 가져갔네.

슬은 좋은 쌀 어디에 있을까?

날로 구실아치의 배만 불린다네.

여기서의 구실아치는 사또와 벼슬아치를 말하며 그들은 쌀뿐 아니라 쭉정이까지 싹싹 긁어갈 정도로 착복했다. 이는 북쪽의 실정을 말한 것이니 남쪽, 북쪽 가릴 것 없이 삼정을 통한 수탈은 매한가지였다.

방랑 시인 김삿갓은 함경도를 돌아다니다 함경도 감영이 있는 함흥에 이르렀다. 그는 감사가 집무를 보는 선화당을 기웃거리다가 시 한 수를 읊었다. 사람들은 이 시를 '백성이 눈물을 흘리다'라는 뜻을 따서 「낙민루(落民淚)」라고 불렀다.

선정을 베푼다는 선화당(宣化堂)에서 화적떼의 짓거리를 펴니

백성과 더불어 즐긴다는 낙민루(樂民樓) 아래에서 백성의 눈물이
떨어지니

함경도(咸鏡道) 아래 모든 백성이 모조리 놀라 달아나니

조기영의 집안 어찌 오래 버틸 조짐이랴.

선화당(宣化堂) 현판은 '좋은 정치를 한다'는 뜻으로 붙여졌고 낙민루(樂民樓)는 '백성과 더불어 즐기다'라는 뜻을 담아 누각에 걸어두었

다. 그리고 함경도의 함경(咸鏡)은 '모두 함께 거울을 본다'는 뜻이다. 조기영은 세도정치에 한몫 거든 풍양 조씨의 일가붙이였다. 그가 감사 노릇을 하면서 부정 착취를 일삼았던 일을 시로 읊은 것이다. 김삿갓은 호남·영남 지방을 두루 돌아다닐 때 이런 참상을 목도했다.

또한 시인 강위는 시로 한탄하기보다 「의삼정구폐책(擬三政捄弊策)」 같은 글을 써서 현실을 고발하며 새로운 사회를 열어야 한다고 줄기차게 주장했다.

동학농민혁명의 이념적 토대가 된
불후의 명저 『목민심서』

정약용은 혼자 가슴앓이만 하는 시인이 아니었다. 당시 관제, 전제 등 모든 국가제도에 대한 개혁 방안을 쓰다 1817년 『목민심서(牧民心書)』를 저술하기 시작했다. 이 책은 붓을 든 지 1년 만에 완성했다. 하지만 집필하는 데만 1년이 걸렸을 뿐 갑자기 하루아침에 그 구상이 떠오른 것은 아니었다. 관서농민전쟁이 일어난 지 몇 년이 지난 뒤였다.

정약용은 어릴 때 아버지의 임지(任地)를 따라다니며 수령의 몸가짐과 농촌의 실정을 보았고, 또 그의 고향인 양주와 광주 일대의 농촌 사정도 잘 알고 있었다. 젊은 나이에 암행어사로 전국을 돌아다녔고, 금정찰방과 곡산부사로 직접 백성들을 다스렸으며, 강진의 유배생활에서 얻은 산지식도 있었다. 그야말로 평생 노심초사하던 일을 붓으로 묘사한

『**목민심서**』 정약용이 지방 관리의 폐해를 없애고 지방 행정을 쇄신하기 위해 지은 책으로 1818년에 완성되었다.

것뿐이었다.

　『목민심서』는 정약용의 위민사상의 정수다. 제목의 목민(牧民)은 '백성을 살찌운다'는 뜻이요, 심서(心書)는 '목민할 마음은 있으나 몸소 실행할 수 없기 때문이다'라는 의미를 담고 있다. 귀양살이를 하는 죄인이었기 때문이다. 그는 책 서문에서 다음과 같이 말한다.

　　군자의 학(學)은 수신이 그 반이요, 나머지 반은 목민이다. …… 요즈음 백성 다스리는 목민관들은 이익을 좇는 데만 얼이 빠져 있고 목민을 어떻게 해야 할지는 모르고 있다. 이 때문에 백성들은 찌들고 병들어 줄줄이 진구렁으로 떨어져 죽는데도 이자들은 고운 옷과 맛있는 음식으로 제 몸만 살찌우고 있으니 어찌 슬프지 않겠는가.

정약용은 무엇보다도 수령인 목민관의 청렴을 가장 중요한 덕목으로 내세웠다. 이런 신념과 정신을 바탕으로 한 『목민심서』는 12편으로 구성되어 있다. 곧 수령이 부임해 갖추어야 할 몸가짐과 백성을 사랑하는 방법을 먼저 적고 이전(吏典), 호전(戶典), 예전(禮典), 병전(兵典), 형전(刑典), 공전(工典)의 업무를 제시하고 있다. 앞 네 편은 총론으로 수령들의 몸가짐과 기본 태도, 다음 여섯 편은 각론으로 실무, 마지막 두 편은 백성의 복지와 수령이 물러갈 때의 몸가짐 등을 밝히고 있다. 한마디로 일목요연하다. 이 책을 엮은 뒤 정약용은 "한 백성이라도 그 혜택 입기를 바라는 것이 나의 마음이다"라고 말했다. 그의 애민사상에 대한 고심참담(苦心慘憺)을 엿볼 수 있다.

그러나 안타깝게도 벼슬아치들은 정작 이 책을 읽지 않았다. 조선왕조에서는 선비나 벼슬아치 들이 꼭 읽어야 할 서책은 조정이나 관아, 서원에서 경비를 대서 책을 출판해 널리 나누어주었다. 그러나 이 책은 배포하지 않았다. 정약용이 세도정치의 반대파인 남인 계열인데다 기피 인물이었기 때문이다. 다만 정약용을 따르는 사람들은 이 책을 베껴서 읽었다.

전봉준은 젊은 나이에 정약용의 저술을 읽고 국가 개혁과 현실 개혁의 방책을 모색했다고 한다. 정약용의 저술은 당시 호남 지방에서 널리 읽혔다. 이것이 사실이라면 정약용은 죽어서 동학농민혁명의 이념적 토대를 제공한 인물이 될 것이다. 전봉준이 추구한 개혁은 국가 수탈을 막고 빈부귀천이 없는 평등한 세상을 만들려는 것이었으니 정약용의 충실한 계승자가 아니겠는가.

일본에서도 부정부패를 척결하는 방법을 모색하려는 인사들이 한동안 『목민심서』를 탐독했다. 그리하여 정약용의 이름이 일본에 널리 알려졌다. 이 책은 그야말로 나라를 불문하고 청백리(淸白吏)를 만드는 지침서였던 셈이다. 오늘날 우리나라에도 청렴한 지방관을 가려 다산목민대상을 시상하고 있다.

그러면 수령이 맡은 삼정은 무엇인가? 국가의 기본 재정 수입인 전정, 군정, 환정을 말한다. 전정(田政)은 토지의 다과에 따라 부과하는 토지세 또는 농지세로 대개 소득의 1할을 내게 되어 있다. 하지만 법으로 정한 정액 말고도 온갖 잡세를 부가했다. 예를 들어 흉년이 들거나 한재를 입었을 경우 조세를 탕감하게 되어 있는데도 이를 무시하고 평상시와 똑같이 거두는 부정을 저질렀다.

군정(軍政)은 군역의 의무가 있는 장정에게 군복무 대신에 부과하는 군세다. 대상은 열여섯 살에서 예순 살까지의 장정으로 해마다 무명 한 필을 나라에 바치게 했다. 이를 군포(軍布)라고 불렀다. 그러나 규정을 어겨 불법으로 군포를 이중, 삼중으로 부과했고 어린아이나 노인에게도 매겼다. 게다가 해당 장정이 죽은 뒤에도 거두어들이는 백골징포(白骨徵布), 어린아이를 군적에 올려 징수하는 황구첨정(黃口簽丁), 도망친 자의 몫을 이웃에 물리던 인징(隣徵), 일가붙이에게 대신 거두는 족징(族徵)

〈백골징포도〉, 박홍규, 2014년.

의 폐단이 일었다. 또한 현역 군사인 상번군(上番軍)의 지원자가 정수에 모자라는데도 대상자에게 뇌물을 받고 빼주면서 돈을 내지 못하는 장정만 뽑아 올리기 일쑤였다.

환정(還政)은 춘궁기에 곡식을 나누어주고 가을에 추수할 때 이자를 붙여 거두어들이는 곡식을 말한다. 이는 기민을 구제하고 이자를 관아의 경비로 쓰려는 목적이었다. 그런데 나누어줄 때는 모래나 지푸라기를 섞어서 주거나 말을 깎아주면서 징수할 때는 깨끗한 쌀만 받거나 고봉(高捧, 말 위까지 수북하게 담는 것)으로 받았다. 또 이자를 터무니없이 올려 받고 이중으로 장부를 만들기도 했다.

정약용은 백성들이 이를 내지 못하거나 갚지 못하면 말, 소, 돼지, 솥단지, 숟가락까지 쓸어갔다고 기록했다. 이런 부정행위를 예삿일처럼 자행했다고도 했다.

소작인들은 지주나 궁방전(宮房田)에 도조를 낼 때 소출의 5할 이상을 내기 일쑤였고 규정과는 달리 조세와 경비를 부담하기도 했다. 그들은 소작 농지를 떼이지 않기 위해 온갖 선물을 했고, 심지어는 딸을 바치기도 했다. 일반 농민들은 다리를 놓거나 길을 닦거나 관아의 건물을 지을 때 강제로 동원되었다.

끝으로 지방의 특산물을 바치는 공물(貢物)은 생산량보다 더 많이 할당받거나 현지에서 생산되지 않는 물품을 바치기도 했다. 예를 들어 여수 율촌 백성들은 밤을 공물로 바치다가 규정보다 훨씬 많이 부과되자 아예 밤나무를 베어버렸고 태안에는 김이 생산되지 않는데도 김을 바치게 해 어민들을 못살게 굴었다. 요즈음에도 흔히 영덕의 대게, 순창의 고추장, 통영의 전복 따위가 임금의 수라상에 올라 임금이 즐겨 먹었다고 홍보한다. 이런 특산물의 유래에는 옛 농어민이 공물을 바치던 고통이 스며들어 있는 셈이다. 광해군은 이런 폐단을 없애려고 쌀로 대신 바치게 하는 대동법을 실시했으나 경기도 등 일부 지역에만 국한되었다.

다만 영세한 빈민이나 소작인 들은 수탈에서 일단 제외되었으나 중소 지주나 소작농 들은 이중, 삼중의 수탈을 당해야 했다. 특히 중간 지주들은 잉여생산물이 없어 겨우 연명하는 수준으로 전락했다. 그래서 춘궁기에는 더욱 곡가가 올라 대부분의 농민들은 굶주림에 허덕였다.

중소 지주나 소작인 가릴 것 없이 불만이 컸다. 몇몇 대지주만 관권과 결탁해 도조를 소출의 7할 정도로 올려 폭리를 취했고 싸전 상인들은 춘궁기에 비싸게 팔아먹으려고 양곡을 닥치는 대로 매점매석했다. 그리하여 빈민들은 악덕 싸전 상인에 저항해 폭동을 일으켰다.

정약용이 그렇게 걱정했던 일이 마침내 터졌다. 1862년 삼정문란을 시정해달라고 삼남, 곧 경상도·전라도·충청도 일대에서 농민 봉기가 잇따라 일어났다. 농업생산지인 삼남의 골골마다 봉기가 일어나 구실아치와 수령을 타도의 대상으로 삼았다. 농민들은 문벌정치 말기에 쌓이고 쌓인 비리에 울분을 터뜨렸다.

2장

들끓는 불만 속에
타오르는 민란의 횃불

지리산 아래에서 싹튼 농민 봉기

삼남 농민 봉기 과정을 자세히 살펴보자. 단성현은 지리산 천왕봉 아래 위치한 곳으로 수천 호가 들어앉은 작은 고을이었다. 그런데 수령과 구실아치 들이 1861년의 환곡 10만여 섬의 절반을 착복해 암행어사 이인명이 이를 적발하고 2만 7000섬을 물렸다. 하지만 구실아치들은 곡식이 아닌 솔가지, 짚, 풀, 겨 따위로 나락 섬을 채웠다.

이에 김인섭이 경상감사와 단성현감에게 이 사실을 알리고 바로잡아 달라고 했으나 그들은 모르는 척했다. 김인섭이 주동이 되어 고을민들을 모아 거세게 항의하자 단성현감 임병목이 겁을 먹고 도망치다 잡혀왔다. 김인섭이 이끄는 고을민들이 관아로 쳐들어가 항의하자 새 현감과 구실아치들은 그들을 흠씬 두들겨패서 쫓아 보냈다. 이에 고을민들은 구실아치들의 집에 불을 지르고 장터로 나와 횃불을 들고 함성을 질렀다.

이 소식을 먼저 들은 진주 백성들이 봉기했다. 진주에서는 경상우병사 백낙신과 진주목사 홍병원이 모질게 수탈해갔다. 인징 따위의 방법으로 백성들을 쥐어짰다. 그들은 가난한 이들의 집을 뒤져도 남은 것이 없자 부자들의 집을 수색해 그릇과 옷가지, 책 등을 모조리 가져갔다.

진주에 살던 유계춘은 땅 한 뙈기 없는 가난뱅이로 지리산에서 나무를 해다 팔아 먹고살았다. 비록 그가 초군(樵軍, 나무꾼)이었을지라도 제법 말깨나 하는 똑똑이였던 모양이다. 선비들과 상의해 마을 회의를 열고 반수(班首)가 되어 통문을 돌려 수곡 장터에서 군중에게 이렇게 외쳤다. "개를 잡아 피를 입에 바르고 맹세합시다. 우리가 벼슬아치와 악질 토호를 징치(懲治)합시다." 그들은 행진하면서 유계춘이 지은 언문 노래를 불러 사기를 북돋았다. 유계춘은 지리산 초군을 비롯해 노비와 고을민 수만 명을 이끌고 1862년 2월 18일 진주성을 포위했다. 이미 구실아치와 토호 들은 도망가고 없었다. 봉기군은 길가에서 갓을 쓰고 도포를 차려입은 양반을 보면 짓밟고 옷을 찢었다.

그들이 장터에 자리를 잡자 백낙신이 용기를 내서 설득하려고 나왔다. 그러자 봉기군이 우르르 달려들어 땅바닥에 무릎을 꿇리고 죄상을 낱낱이 알렸다. 백낙신은 그들의 요구를 들어주는 척하면서 구실아치 둘을 잡아다가 곤장을 쳤다. 봉기군은 그들을 장작더미 불구덩이에 던졌고 구실아치의 아들이 제 아버지를 꺼내려 하자 짓밟아 죽였다.

이틀 동안 분을 푼 봉기군은 백낙신과 홍병원에게 앞으로 부정 착취를 하지 않는다는 것과 빼앗은 재산을 돌려준다는 약속을 받아냈다. 이에 봉기군은 일단 해산하기로 결정했다. 이 소식을 들은 조정에서는 박규수를 진주안핵사로 임명해 수습하게 했다. 박규수는 다음과 같이 보고했다.

18세기 후반 진주성의 지도

> 진주 병영에서 환곡을 들어먹고 나서 때를 틈타 한 고을의 두민(頭民)을 불러 모아 술과 밥을 먹이며 유인하기도 하고 감옥에 가두어 협박하면서 6만 냥가량의 돈을 집집에 배당하여 백징(白徵)하려 했다. 이에 민심이 끓어오르고 사람들의 분노가 한꺼번에 폭발했다.
> — "박규수 장계", 『임술록(壬戌錄)』

이 소문은 발 없는 말이 천 리를 가듯이 이웃 고을로 삽시간에 퍼졌다. 참고 참던 분노가 영남 땅 여기저기에서 폭발했다. 두어 달 동안 영남 지역에서 일어난 큰 소요만 헤아려도 11개에 달했다.

먼저 그해 3월 16일에는 산골인 함양에서 봉기가 일어났다. 백성들은

6일 동안 고을을 휩쓸면서 군수와 좌수, 구실아치 들을 몰아내고 읍권을 장악했다. 이웃 고을인 거창에서도 비슷한 양상으로 봉기가 전개되었다.

3월 26일에는 성주에서 봉기가 일어났다. 이곳 백성 수만 명이 구실아치와 악질 지주의 집 60여 채를 부수었다.

4월 2일에는 선산 백성들이 부사를 핍박한 뒤 구실아치와 악질 지주의 집 50여 채를 불태우자 선산부사가 감영으로 도망쳤다.

4월 7일에는 봉기가 개령으로 번졌다. 개령의 양반붙이인 김규진이 백성들에게 통문을 보내 봉기에 참여하지 않으면 징벌을 내리겠다고 하면서 경비는 부호에게 걷겠다고 공언했다. 개령현감 김후근이 김규진을 잡아 가두자 이에 농민 수천 명이 이수 장터에 모여 기세를 올리고 관아로 쳐들어가 김규진과 다른 죄수를 풀어주었다. 김후근을 욕보이고 구실아치 세 명을 죽였으며 문서들을 불태웠다. 이어 떼를 지어 돌아다니면서 양반과 토호의 집을 불태웠다.

4월 9일에는 인동에서도 봉기가 일어났다. 그들은 약목에 사는 전 현령 신회용의 집과 지주의 집을 불태웠다. 봉기군이 읍내로 몰려갈 때는 몇천 명이 모여들었다. 그들은 양반과 토호의 집을 보이는 대로 불태우거나 그들을 만나는 대로 욕보였다. 읍내 관아로 들어가서는 창고도 불태웠고 부사를 끌어내 마당에 무릎을 꿇리고 요구조건을 내밀었다. 그들은 사흘 동안 소요를 일으켰다.

전국으로 번진 농민 봉기

봉기는 잇따라 전라도 지방으로 번져나갔다. 먼저 농업 집산지인 익산에서 불길이 치솟았다. 이곳 백성들은 여러 차례 전라감영과 조정에 폐막(弊瘼)을 적어 시정해달라고 등소(等訴, 백성들이 관아에 사정을 호소하는 일)를 올렸으나 아무런 조치가 없었다. 3월에 이르러 백성들은 남산에서 봉

임술 농민 봉기 분포도

화를 올리고 통문을 돌린 뒤 27일에 3000여 명이 관아로 쳐들어갔다. 그들은 등소장을 군수 박희순에게 들이밀고 도결(都結, 여러 부세를 한꺼번에 몰아서 거두는 제도)로 빼앗은 4000여 냥을 돌려달라고 요구했다. 하지만 박희순이 그들의 요구를 들어주지 않자 백성들은 군수의 옷을 찢고 발로 차서 시궁창에 처박았다. 그러고는 멍석말이를 하여 박희순을 지경 밖으로 내다버렸다. 구실아치들은 도망쳤고 백성들은 창고의 곡식과 돈을 나누었다.

함평에서는 4월 16일에 봉기가 전개되었다. 그들은 등소 따위가 아무 효과가 없다는 사실을 알고 곧바로 행동으로 옮겨 토호와 구실아치들의 집과 재물을 불살랐다. 또한 죄수들을 풀어주는 대신 포졸을 가두

었다. 그들은 현감 권명규를 두들겨패서 지경 밖으로 내치고 백성들 스스로 고을 행정을 한 달쯤 맡아보았다.

부안에서는 5월 8일에 험악한 일이 벌어졌다. 선무사 조구하가 익산과 김제 일대를 돌아다니며 수령의 실정을 조사했다. 부안 백성들은 읍내를 돌아다니며 구실아치들을 두들겨패서 쫓아냈다. 조구하가 부안삼거리를 지날 때 1000여 명이 길을 막고 폐막을 호소하며 이방 김진열을 죽이지 않으면 물러설 수 없다 말하고 김진열을 몽둥이로 패고 발로 밟아 거의 죽음에 이르게 했다. 또 이를 말리는 선무사의 수행원 한 명도 초주검을 만들었다.

5월에는 전라병사 백회수가 이임해 서울로 가면서 부안 지경을 지나게 되었다. 모내기를 하던 농민들은 그 행렬을 보고 우르르 몰려가 행차를 막고 호위를 하는 비장을 끌어내 두들겨팼다. 여자들은 가마에 타고 있는 백회수의 아내를 끌어내 머리채를 흔들고 주먹으로 때린 뒤 옷을 갈기갈기 찢었다. 그러고도 분을 참지 못한 그들은 구실아치들의 집으로 달려가 집을 부수었다.

이 분노의 불길은 잇따라 내륙으로는 금구·무주로, 해안으로는 장흥·순천 등지로 번져 영남 지방보다 더욱 거세게 일어났다. 그제야 조정에서는 "처음 영남에서 일어나 호남에서 더욱 심해지고 호서 지방으로 번지고 있다"는 현지 실정을 겨우 파악했다.

충청도에서는 불길이 조금 늦게 번졌다. 5월에 회덕의 농민들이 관아로 몰려가 항의하고 구실아치와 지주의 집 74채를 불태웠다. 그러고 나서 청주까지 진출해 양반집을 습격하고 불을 질렀다. 이와 때를 같이해 공주에서도 농민들이 들고일어났다. 수백 명의 농민은 금강 나루에 모여 폐단의 시정을 요구했다. 그들 가운데에는 서울과 경상도에 사는 사람들도 있었다. 다음날에는 백성 6000여 명이 충청감영 앞에 모여들었다. 충청감사 유장환은 벌벌 떨며 겁을 먹고 소원대로 다 들어주겠다고 약속했다. 그들은 일단 물러나 고을을 돌아다니며 분풀이를 했다.

또 5월 중순에 은진에서 봉기한 농민들은 보름 동안 이 마을 저 마을 돌아다니며 그곳 양반붙이인 김씨와 이씨의 가옥 등 62채를 방화하고 파괴했다. 그들은 이웃 고을인 전라도 땅인 여산으로도 몰려가 휩쓸고 다녔다.

연달아 진잠, 연산, 회인, 문의 등지에서도 소요가 일어났다. 이 지방의 행동 특징은 초군들이 중심 세력이었다는 점이다. 이때의 초군은 땔감을 팔아 생계를 잇는 나무꾼만이 아니라 빈민에 속하는 머슴들이 포함되었다고 할 수 있다. 이 보고를 받은 조정에서는 충청도에서 경계를 넘어 전라도로 번져갔다고 우려를 금하지 못했다.

가을 추수기에 이르러 봉기는 다시 전국으로 확산되었다. 1862년 10월 24일 함경도 함흥 백성들이 봉기했다. 백성들은 구실아치를 때려눕히고 선화당으로 몰려가 감옥을 부수고 죄수를 풀어주었다. 이때 도망쳤던 함경감사와 중앙에서 파견된 순무사가 돌아와 포졸을 풀어 100여 명을 잡아와 주동자를 불법으로 처형했다.

11월 3일에는 경기의 광주 백성들이 봉기했다. 남한산성을 경비하는 수어청의 경비를 조달하기 위해 환곡을 시행했는데, 환곡에 대한 불만이 높아지자 미봉책으로 환곡 이자를 없애는 대신에 토지에 전가했던 것이다. 이에 백성들은 삼정이정청(三政釐正廳, 국가 재정의 기본이 되는 군정, 전정, 환곡의 부정을 바로잡기 위해 설치한 임시 기구) 총재관 조두순과 정원용의 집 앞으로 몰려가 시위를 벌였다. 이때 참여자 수는 6만여 명에서 7만여 명이었다. 당시 광주 인구가 5만 명쯤이었던 것을 감안하면 아마도 이웃 고을민들이 합세한 것으로 여겨진다. 그들은 이레쯤 시위를 벌여 기어코 환곡 이자를 토지에 전가하지 않겠다는 약속을 받아내고 물러갔다.

12월 7일에는 황해도 황주 백성들이 봉기했다. 그곳 백성 수천 명이 25개 조건의 요구 조항을 내걸고 구실아치들을 몰아냈다. 주로 궁방전(宮房田)과 관련된 내용이었는데, 도장(導掌, 궁방전 관리자)의 불법행위를 막을 것, 기준이 넘는 도조를 고칠 것, 호조에서 지정한 말과 되를 사용할 것 등이었다. 하지만 황주목사는 겉으로는 들어주는 척하다 주모자를 잡아 처형했다.

그 무렵 남해안의 여러 고을에서도 봉기가 잇따라 일어났다. 특히 섬 지방으로 번져 어민들이 합세하는 양상을 보였다. 뒤늦게 제주도에서도 봉기가 일어났지만 삼정 관련이 아니라 공물의 부정을 바로잡고 화전세를 없애려고 한 것이었다.

1년 동안 일어난 봉기를 정리하면 경상도에서는 18고을, 전라도에서는 54고을, 충청도에서는 43고을로 나타난다. 농업이 집중된 호남 지역에서 봉기가 가장 많이 일어났다. 북쪽과 경기 지역에서는 남쪽 세력에 비해 비교적 빈도가 낮았다.

예전에 고을민들에게는 부정한 수령을 고을의 지경 밖으로 내칠 수 있는 권한이 있었다. 수령을 지경 밖으로 내칠 때는 북을 지고 거리를 한 바퀴 돌게 하거나 멍석말이를 하고 매질을 한 뒤 내쫓았다. 그런데 이 시기의 봉기에서는 수령이나 구실아치를 죽이고 건물에 불을 지르는 따위로 난민처럼 행동했다. 종전의 여느 민란보다 과격했다.

하지만 봉기가 분산적이고 고립적이어서 이웃 고을과 연계하지 못했다. 또 수령과 아전 들은 남은 향촌 권력을 쥐고 아직 버틸 힘이 남아 있었다.

삼정을 바로잡아라

삼남을 중심으로 한 전국의 농민과 하층민들의 요구를 정리하면 다음과 같다.

첫째, 삼정에 따른 폐단을 낱낱이 들어 시정을 요구했다.

둘째, 부정을 저지른 수령과 구실아치를 죽이거나 내쫓았다.

셋째, 관련 문서를 불태우고 곡식을 꺼내 빈민에게 나누어주고 무고한 죄인을 풀어주었다.

조정에서는 군사를 보내 토벌할 힘이 없어서 관례에 따라 안핵사나 선무사를 보내 조사하거나 선무하면서 바로잡으려는 척했다. 그러다가

삼정이정절목 1862년(철종 13) 삼정이정청 설치 후에 삼정의 문란을 바로잡기 위해 만든 절목이다(한국학중앙연구원).

기세가 잠잠해지면 포졸을 풀어 주모자급은 효수해 조리를 돌리고 종모자급은 호되게 매를 때려 유배를 보냈다. 진주에서는 유계춘 등 10여 명, 익산에서는 주모자 10여 명이 처형되었는데, 전국에서 효수된 자는 100여 명이 넘는 것으로 보인다. 눈치를 살피면서 숨어 지내던 원님과 구실아치 들은 다시 물 만난 고기떼처럼 몰려들어 백성들을 물어뜯었다.

한편, 박규수 같은 벼슬아치는 실정이 심각하다는 사실을 조정에 알려 이를 바로잡지 않으면 더욱 큰 탈이 날 것이라고 지적했다. 재야의 유생들도 상소를 올려 그 폐단을 지적하며 시정책을 건의했다. 결국 조정에서는 임시 기구를 두어 바로잡으려는 뜻을 보였다. 철종은 봉기 지역에 내탕금 5만 냥을 보내 구휼하라고 지시하면서 백성들의 고통을 덜어주는 일을 서두르라고 엄하게 분부했다. 안동 김씨들도 어쩔 수 없이 삼정이정청 설치에 동의했다. 하지만 삼정을 바로잡는 일은 질질 끌면서 별다른 대책을 내놓지 않았고 부분적으로 발표된 개혁 방안도 추수기에 이르러서는 지키지 않았다.

지사 강위는 전국을 돌아다니며 농촌의 실정을 살폈다. 그는 무주에

살다 격문을 지어달라는 봉기
군들의 부탁을 거절한 탓에 집
이 불에 탔다. 강위는 서울로
올라오는 길에 조정에서 삼정이
정청을 설치하고 그 의견을 널
리 구한다는 소문을 들었다. 하
지만 농민 봉기의 조짐을 익히
알고 있던 그는 시기가 너무 늦
었다고 생각했다.

강위는 서울에 와서 며칠 머
뭇거렸지만 무료했다. 그는 입
을 다물고 숙맥처럼 지낼 수밖
에 없다고 생각했다. 당시 조정
에서나 재야에서 떠드는 삼정
이 어떻고, 난민이 어떻고, 벼슬

강위 강위는 삼남 지방에 민란이 일어나자 상경
해 친구인 정건조의 요청을 받아들여 3만여 자
에 달하는 시무책 「의삼정구폐책」을 작성했다.

아치가 어떻고 하는 의논들이 도통 못마땅해서였다. 백성의 실정, 농민
의 참상과는 동떨어진 공허한 소리로만 들렸다.

강위는 친구 정건조가 의견을 부탁하자 코웃음만 치고 대꾸하지 않
았다. 정건조는 화를 벌컥 내고 그를 자기 집 후원 다락으로 데려갔다.
그러고는 '삼정책'을 짓지 않고서는 나갈 수 없다며 으름장을 놓았다. 강
위는 갇혀 있으면서 밤낮으로 국가를 구제할 근본적인 방책에 골몰했지

만 영 마음에 들지 않았다. 내용을 종이에 쓰고 버리기를 반복하며 1개월 동안 겨우 완성했는데, 무려 3만여 자에 달하는 장문이었다.

내용은 다음과 같다.

첫째, 국가의 현실을 위기 상황으로 보고 "오늘날 군정과 농정이 문드러져 위아래가 모두 곤궁하다. 백성은 아침저녁 끼니를 이을 수가 없고 나라에는 1년의 저축이 없어 갑작스러운 흉년이나 전쟁이 일어나면 무엇으로 막겠는가?"라고 지적하며 그 원인을 국가와 벼슬아치들의 부정에 두었다. 부정의 원인은 크게 제도적 측면에서 법의 폐단과 토지 겸병을 들었다.

법의 폐단은 여러 가지이지만 무엇보다 귀천을 나누는 것이었다. 양반은 군역을 지지 않고 전세에도 온갖 특권을 누렸다. 그들에게 모두 공평하게 조세를 매기고 군역의 의무를 지게 해야 한다는 것이었다. 또 토지 겸병을 제한하지 않아 부의 편중은 물론 국가 재정에 막대한 손실을 끼치고 있는 것을 지적했다. 실제로 양반들은 이런저런 구실을 대며 군대에 가지 않았다. 게다가 군의 경비로 내는 군포도 내지 않으려 했다. 그리하여 양반이 되기 위해 신분을 속이거나 벼슬을 사거나 족보를 위조하는 일이 비일비재했다.

가난한 사람들은 먹을 것이 없어서 고향을 떠나거나 도망치거나 산적·화적으로 전락했다. 있는 자들은 쌀 한 말 또는 닷 되, 서 되를 논 한 마지기와 맞바꾸었다. 없는 자들은 굶어죽을 바에야 차라리 닷 되, 서 되로 한 마지기의 논과 바꾸는 것이 나았던 것이다. 그리하여 '닷 되 배미' '서 되 배미' 따위의 이름이 생겨나기도 했다.

권력을 독점한 문벌정치의 발호는 사뭇 왕권을 흔들며 온갖 부정을 저질렀다. 게다가 이서(吏胥)들이 농간을 부리고, 향품(鄕品, 수령의 행정을 돕는 좌수·풍헌 등)들이 결탁하고, 호족들이 위세를 부리고, 수령들이 탐학하고, 장수들이 가렴주구를 일삼아 온갖 부정이 제도를 통하거나 구조적으로 이루어지고 있었다. 실제 토지는 모두 농민의 손에서 떠나 10만 석지기니 1만 석지기니 하는 문벌가의 관리 출신 또는 이서 출신의 지주가 전국에 횡행했다.

둘째, 이런 부정부패를 뜯어고치려면 군주의 독단이 필요하다고 했다. 군주가 이리 흔들리고 저리 흔들려서는 왕권이 확립될 수 없을뿐더러 조그마한 개혁도 이룰 수 없다고 보았다. 오래된 낡은 법을 시의에 맞게 뜯어고치고 잘못된 제도를 근본적으로 바로잡으려면 왕권을 강화해야 한다는 것이었다. 몇 사람이 권력을 쥐고 흔들어 왕을 나약하게 만드는 것으로도 모자라 법이나 제도를 고치려면 벌떼처럼 일어나 반대만 일삼는 당시 조정의 풍토로는 아무것도 할 수 없었다. 그로 인해 수령은 왕의 명령을 무시하고, 이서는 수령을 농락하고, 백성은 이서를 무시했다. 이래서는 상명하달이 되지 않고 위엄이 서지 않는다고 보았다.

이런 속에서 국가 재정은 바닥날 지경에 이르렀고, 군량미는 턱없이 부족했으며, 농민들은 끼니를 이을 수 없는 현실에 처해 있다고 했다. 살터전을 잃은 농민들이 유민으로 전락해 도시로 밀려와 떠돌이생활을 한다고도 지적했다. 그리하여 도성의 북한산 주변에는 팔도의 목소리들이 뒤섞여 있다고도 했다. 이런 현실에서 삼남 농민 봉기가 일어나자 여기에 참여한 부류를 다음과 같이 분석했다.

> 향품은 여기에 참여하지 않았고, 사족도 여기에 참여하지 않았으며, 이서가 여기에 참여하지 않았고, 평민으로 스스로 만족해하는 자도 여기에 참여하지 않았다. 여기에 참여한 자들은 모두 유민(流民)·부객(浮客)·행상(등짐장수)·머슴이요, 한둘의 역적 무리가 있어 성세(聖世)에 다시 바랄 것이 없는 자들이 그 틈에 끼어 백성의 분을 타서 앞장서기를 원하여 한번 그 흉중에 쌓인 원한을 풀어보려고 했다.

그리고 한곳에 정착해 있는 농민들은 마지못해 따라갈 뿐 정작 민란을 이끄는 자들은 정처 없는 백성들이라 했다. 그중에서도 보부상 조직의 가장 기초 단위의 우두머리인 접장(接長)이 그 전위행동대가 된다고 보았다. 바로 접장과 유민을 봉기의 주도 세력으로 보았던 것이다. 이들 수만 명이 흰 두건을 쓰고 몽둥이를 든 채 관아를 습격하면 수령들이나 이서들은 물론 군사 지휘권을 쥔 병사들이나 영장들이 목숨을 부지하기 위해 꽁지가 빠지게 달아난다며 통탄했다.

강위는 삼남 농민 봉기에만 초점을 맞춘 것이 아니었다. 앞 시대의 잘못을 지적하고 새롭게 전면 개혁하지 않으면 앞으로 이런 일은 꼬리를 물고 일어날 것이라고 내다보았다.

모든 것이 도로아미타불

삼정의 개선책을 낸다는 구실로 1862년 5월 26일 발족한 삼정이정청의 설치와 폐지 과정을 살펴보자. 삼정이정청은 실무자를 포함해 모두 20명으로 구성되었는데, 그들은 모두 문벌가 출신으로 참신한 인물이라고는 눈을 씻고 찾아보아도 없었다. 오히려 봉기군이 타도하려는 우두머리였다고 해야 맞을 것이다. 철종은 6월 12일 창덕궁 인정전에서 삼정을 개혁하는 방안을 내라고 팔도에 반포했다.

삼정 반포문에서는 먼저 "삼정을 설치함에는 처음부터 어찌 나라를 경영하고 백성을 다스리는 큰 기본이 아니겠는가?"라고 전제하고 다음과 같이 이어갔다.

> 삼정이 다스려지지 않음은 그 책임이 임금과 백성 모두에게 있을 것이다. 법이 오래되면 폐단이 생김은 예전부터 그러했다. 오늘날 삼정은 폐단이 극도에 이르렀다. 토호들이 겸병을 해서 토지 경계가 문란해졌고, 교활한 무리들이 숨겨서 척적(尺籍, 측량한 장부)이 비어 있으며, 간교한 무리들이 농간을 부려 적법(糴法, 환곡의 규정)이 무너졌다. 백성이 목숨을 감내하지 못하고 나라가 장차 기울어질 지경인데도 아무렇지도 않게 바로잡으려 생각하지 않는다면 어찌 궁하면 바꾸고 바꾸면 통한다는 뜻을 회복하겠는가.
>
> 내가 두서를 좇아서 바로잡으려 하면서 그 주장이 없음을 걱정하지 않는다. 경계가 문란하면 장차 고쳐 측량하여 고르게 하며, 척적

이 비어 있으면 장차 조사를 해서 채워넣고, 적법이 무너졌으면 장차 탕감을 해서 너그럽게 풀어준다. 바로잡는 일은 이밖에 없을 것이다…….

아아, 내가 조종의 큰 유업을 잇고서 조종의 적자들이 구렁에 빠지는 것을 차마 볼 수 있겠으며 한밤중에라도 잠자리가 편안하겠는가. 백성이 있은 뒤에 나라가 있을 수 있고 나라가 있은 뒤에야 가정이 있을 수 있도다. 오늘날 조정의 신하들이 이에 생각이 미친다면 조심스럽고 두렵게 탄식해서 눈물이 줄줄 흐르지 않으랴. 사랑하는 대부와 사랑하는 유생 들은 반드시 마음에 평소의 익힌 지식과 폐단을 막을 방안이 있을 터이니 모두 숨김없이 모조리 방책을 내면 내 친히 이를 살펴보리라.

여기에는 개선의 어려움을 솔직하게 털어놓으면서 연달아 이어갔다.

진실로 토지를 고쳐 측량하려면 먼저 사람을 얻고 다음으로 경비를 마련해야 하는데, 인재는 이미 예전만 못하고 경비는 어디서 마련하며, 진실로 장정을 조사하려면 가짜 유학(幼學, 선비 행세)을 찾아내고 투탁(投託, 남의 세력에 기대는 것)의 한정(閑丁, 세를 내지 않는 장정)을 없애야 하는데, 가려낼 적에 뒤섞이기가 쉬우며…… 이미 혁파할 수도 없고 또 바로잡지도 못한다면 손을 묶고 앉아서 백성과 나라가 위험에 빠지는 것을 멀거니 볼 터인가.

이렇게 현실의 어려움도 설명하면서 아주 간결하고 솔직하게 표현했다. 이 글은 안동 김씨에 속하지 않은 예문관의 젊은 한림이 쓴 것으로 알려져 있다. 명쾌한 논리를 설득력 있게 전개했지만 안동 김씨 일파는 감추고 싶었을 것이다. 『철종실록』에는 부끄러워서인지 안동 김씨 일파가 빼버린 것 같다. 이 글은 『철종실록』에는 수록되어 있지 않지만 너무 명문이어서 뒷사람들이 보관해두었다가 『임술록』에 실었다.

그들은 먼저 6월 12일부터 8월 27일까지 조정의 벼슬아치들과 재야의 유생들에게 개혁 방안을 널리 모집한다고 공포하고 삼정책을 내게 했다. 그러자 벼슬 한자리 얻어보려는 어중이떠중이들이 앞다투어 방안을 냈다. 그러나 대부분 지탄의 대상이 되는 문벌 세도가들의 비리 대신 하수인인 지방의 수령이나 구실아치 들의 부정행위만 지적했다.

하지만 조정에서는 그나마도 방안을 내놓고 실시할 시기를 차일피일 미루었다. 그러다가 봉기가 잠잠해지자 "너무 서둘러서 완벽하지 못할 염려가 있으니 옛 규례대로 돌아가는 것이 좋겠다", "환자(還子)는 수백 년 동안 지켜온 법제인데 하루아침에 폐지하는 것은 안타깝다"는 따위의 말로 그 흑심을 드러냈다.

결국 삼정 개혁은 이루어지지 않았다. 안동 김씨 일파는 나라를 크게 경장(更張)한다고 선포하고 민심을 수습하는 척했지만 철종을 등에 업고 건성으로 재가를 받았다. 철종은 무식쟁이였지만 10년 넘게 임금 노릇을 하면서 자신이 꼭두각시임을 잘 알고 있었다. 그는 형식적인 보고를 받으면 그저 잘해보라는 분부를 내릴 뿐이었다. 마침내 10월 29일에는 예전대로 삼정제도를 복구한다고 공포했다.

요란하게 출범했던 삼정이정청은 문벌정치의 하수인과 현지 수령, 양반 지주 들의 반대로 폐지되고 말았다. 이때 삼정을 바로잡았다면 조선 말기는 더 생동감 넘치는 사회가 되었을 것이요, 농민 봉기도 잦아들었을 것이다. 결국 문벌정치 아래에서 삼정의 운영은 더욱 파행으로 치달은 채 끝장나고 말았다. 이로써 꺼져가는 조선왕조의 불꽃을 되살릴 마지막 기회는 사라졌다.

외세와 내정이 뒤엉킨 모순의 시대

1863년 철종이 죽자 이하응은 조대비와 짠 각본대로 자신의 둘째 아들 명복을 임금 자리에 앉혔다. 조대비는 재빨리 옥새를 거두어 안동 김씨가 끼어들지 못하게 막고 신속하게 새 임금의 지정을 선포했다. 나이가 열두 살이었던 명복을 대신해 조대비가 수렴청정을 했다. 그리고 흥선군 이하응을 흥선대원군으로 추대하고 섭정(攝政)이라는 이름으로 나랏일을 맡겼다.

흥선대원군은 안동 김씨를 몰아내고 권력을 마구 휘둘렀다. 그는 노론 중심의 세도정치를 분쇄하고 당파를 고루 등용해 비리와 부패를 바로잡으려 했다. 왕실의 위엄을 위해 경복궁 재건을 서둘렀고 대외적으로는 천주교도를 탄압하는 등 척화(斥和, 배외) 정책을 폈다. 그 과정에서 원납전(願納錢)을 무리하게 거두어 원성을 샀고 서양 침략 세력의 첨병

강화 광성보 1871년 신미양요 때 가장 치열했던 격전지로 통상을 요구하며 강화 해협을 거슬러올라오는 미국 극동함대를 초지진·덕진진·덕포진 등의 포대에서 일제 사격을 가해 물리쳤다.

이라고 해서 수많은 천주교도를 죽였다.

흥선대원군이 한창 보수적 개혁정치를 펼 때 강화도에서 병인양요(1866)와 신미양요(1871)가 일어났다. 프랑스 함대가 군대를 끌고 와서 천주교 선교의 자유를 강요하면서 강화도 일대를 약탈, 방화하다가 물러갔다. 강화도에 보관되어 있는 왕실의 보물과 책 들도 쓸어갔다. 이어 미국 군함이 대포를 싣고 강화도에 들어와 통상을 요구했다. 이 미국 군함은 대포를 쏘면서 광성보에 상륙했고 이곳을 수비하던 조선 군대는 결사 항전을 벌였다.

흥선대원군은 이 두 서양 세력의 침입을 계기로 일대 서양 배척운동

대원군 척화비 흥선대원군은 서양 배척운동을 벌이고 항전을 독려하는 구호를 적은 척화비를 전국의 중요한 곳마다 세웠다.

을 벌였다. 흥선대원군은 두 사건을 하나로 묶어 서양인이 연달아 우리나라를 침략하기 위해 넘본다고 대대적으로 선전전을 펼쳤다. 그리고 서양인과 타협하려는 주장을 배척해 "화의를 주장함은 나라를 팔아먹는 짓이다"라고 선언했다. 이어 철저한 항전을 독려하는 구호를 적은 척화비(斥和碑)를 전국의 중요한 곳마다 세웠다.

그리하여 백성들은 서양 배척의식이 더욱 고양되었고 조정은 이를 다시 천주교도를 탄압하는 빌미로 삼았다. 그 무렵부터 사람들은 막연하게 서양인은 눈이 파랗고 코가 이상하게 생긴 사람으로 보았고 윤리와 도덕이 없는 짐승과 같은 존재로 여겼다.

고종이 스무 살이 되자 친정을 단행하고 흥선대원군의 궁궐 출입을 막았다. 아들과 며느리에게 쫓겨났던 것이다. 이제 민비와 여흥 민씨가 집권해 정사를 주무르는 외척정치의 시대가 다시 시작되었다.

한편, 일본은 메이지유신(明治維新) 이후 군사를 서양식으로 바꾸고 대포 등 신무기를 개발했으며 근대식 공장을 지어 산업을 일으켰다. 일본은 서양의 열강들이 아프리카와 동남아시아에 식민지를 경영하고 중국 땅을 석권하는 것을 보고 조선을 표적으로 삼았다.

우수한 군사력을 확보한 일본의 군국주의자들은 조선과 일본은 문화로나 혈통으로나 뿌리가 같다고 주장하며 조선을 정복해 한 국가로 만들어야 한다고 외쳤다. 그 속내는 그동안 일본이 추구해온 대륙진출론과도 맞물려 돌아갔다. 그 무렵 일본은 청나라 제품을 능가하는 성능이 좋은 소총과 대포를 생산했다. 일본의 걸림돌은 조선에 대해 종주국 행세를 하는 청나라였다.

1876년 일본 군함 운요호가 일장기와 욱일기를 펄럭이며 강화도 앞바다에 나타났다. '운요(雲楊)'는 '구름이 솟아오르다'라는 뜻을 지니고 있는데, 이제 그 구름을 하늘이 아니라 조선 땅에 일으키려는 것이었다. 강화도를 지키던 수군들은 운요호의 상륙을 멍한 표정으로 바라보고만 있었다.

일본 대표는 사자를 조선 조정에 보내 일본과 통상조약을 맺으라고 요구했다. 조정에서는 어쩔 수 없이 신헌을 교섭 대표로 보냈다. 그동안 여흥 민씨 일파는 이권에만 혈안이 되어 개항 따위에는 관심을 두지 않았다가 날벼락을 맞은 것이었다. 마침내 강화도조약을 맺었다.

이 조약에 따라 제물포, 원산, 부산 등 세 항구를 먼저 개방하고 차츰 진남포, 목포, 마산포, 군산, 평양 등지로 개항을 확대했다. 개항장에는 처음에 일본의 영사와 거류민들이 거주했고 이어 장사꾼들이 몰려와 상점과 상가를 벌이자 일본 말과 게다짝 소리로 가득했다.

〈한일통상조약체결기념연회도〉. 1883년(고종 20)에 체결된 조일통상장정(朝日通商章程)을 기념한 연회를 그렸다. 등장인물은 조선측의 전권대신인 민영목, 일본측의 전권공사인 다케조에 신이치로, 조선 조정의 재정고문이자 조약의 초안을 작성한 독일인 묄렌도르프, 그리고 통리아문의 관원들이다(숭실대학교 한국기독교박물관).

이 조약은 말할 나위 없이 불평등조약이었다. 무엇보다 두 나라 사이에 통상을 하면서 관세를 없애버렸다. 일본이 조선에 팔아먹는 상품은 화장품 등 사치품인 데 반해 우리 수출품은 금·은 등의 광물자원과 쌀·콩 등의 식량과 목재·쇠가죽 등의 일차 상품이었다.

무엇보다도 쌀의 유출로 더욱 기민이 늘어났다. 일본 상인들은 항구를 중심으로 곳곳에 돈을 쌓아놓고 시세보다 비싼 값으로 쌀을 사들여 일본으로 가져갔다. 그 결과 쌀값이 폭등해 더 비싸게 사들이려 해도 품귀 현상을 빚어 가난한 농민들은 더욱 배를 주렸다. 충청도 바닷가에 사는 한 선비는 다음과 같이 기록했다.

이른바 교역은 저들 나라의 지극히 천하고 기괴한 물건을 몇 배나 비싼 값을 받고 팔며 우리나라의 오곡 및 그 밖의 다른 물건 중에 품질이 좋은 것을 가려서 역시 후한 값을 쳐서 사들이는 것이다. 그리하여 우리의 모리배들이 우리나라 사람들과 매매하지 않고 부정한 방법을 써서라도 물건을 항구로 보냈으니 항구에는 한 나라의 전곡과 나머지 물건들이 산처럼 쌓여 있다.

—『피난록(避難錄)』

춘궁기나 흉년이 들어 쌀이 바닥이 나면 도리어 일본에서 밀가루, 강냉이 따위를 팔아먹었다. 금, 은과 같은 나라의 자원이 유출되고 필수적인 식량자원마저 빠져나갔다. 아이러니하게도 일본으로 수출된 쇠가죽은 군인들의 장화나 가방의 원료로 사용되었고 일본군은 가죽 장화를 신고 조선을 침략했다. 또한 영국제의 옥양목이 중국 상인이나 일본 상인의 중계무역을 통해 수입되어 장바닥을 휩쓸어 우리 무명은 똥값이 되었다.

또 서울에는 일본공사관을 두어 외교를 맡아보게 했다. 이를 계기로 미국, 프랑스, 독일, 러시아 등 열강들이 잇따라 이 조약에 근거해 통상조약을 맺고 서울에 공사관을 두었다. 그리하여 정동 거리에는 양복쟁이 서양 신사와 파라솔을 손에 든 서양 여인들로 북적거렸다. 기독교가 공인되어 정동 일대에 교회와 성당도 들어섰다.

일본을 비롯한 열강들은 통상조약을 맺은 뒤 금광채굴권을 가져가고 전차부설권, 철도부설권, 전등가설권 등 이권을 거머쥐었다. 일본 상인의 개항장의 활동 범위를 100리 이내로 제한했는데, 조정과 현지 관리들은 때때로 쌀, 콩 등의 판매를 금지했다. 더러는 방곡령(防穀令)을 내려 수출을 막기도 했다. 또 수입품도 소수의 상인에게만 전매권을 주어 제한적으로만 팔게 했다. 그 과정에서 힘이 없는 조선 조정의 벼슬아치라 할지라도 곳곳에서 일본 상인과 마찰을 빚었다.

개항 당시 외국에서 배로 실어온 물품을 박래품(舶來品)이라 불렀다. 이때 사람들은 우리나라에 들어온 박래품을 신기하게 여겼다. 성냥은 일본에서 들어와 퍼져나갔고, 일본 술인 사카가 유행했으며, 유럽산 맥주와 포도주도 팔렸다. 일본 상인은 포도주에 설탕을 타서 값싸게 팔아먹어 프랑스 포도주를 밀어냈다. 권연은 미국과 일본에서 들어와 전국으로 퍼졌는데, 일본이 덤핑을 해서 시장을 휩쓸었다. 마침 조선 조정에서는 한때 담뱃대 사용을 금지해 권연이 더욱 잘 팔렸다. 벨기에 제품인 거울과 유리그릇, 일본제 자기와 양산도 수입되어 여성들의 애호품이 되었다.

무엇보다도 가장 인기를 끈 상품은 흔히 금계랍으로 불린 독일산 키니네였다. 이 약은 만병통치약으로 통했지만 학질(말라리아)의 특효약이었다. 여름철이 되면 학질이 유행해 노인과 어린아이 들이 앓다가 죽어갔다. 독일계 회사인 세창양행에서는 제물포에 가게를 열고 이 약을 대대적으로 홍보하면서 팔았고 차츰 전국으로 퍼져나갔다.

흔히 아닐린으로 통칭되는 독일산 합성염료는 복잡한 과정으로 식물에서 추출되는 전통 식물 염료를 대체했다. 또 석유가 수입되어 처음으로 호롱이 생겨나 식물성 기름을 담아 불을 밝히던 등잔을 밀어냈다. 아편도 유통되었는데, 이는 러시아 등지에서 수입되어 신의주에 아편 흡연소가 생겨난 뒤 남쪽으로 퍼져나갔다 한다.

개항 이후 12년 사이에 8만 9000달러어치의 물품이 수입되었는데, 오늘날의 가치로 따지면 상당한 수준이었다. 이렇게 들어온 박래품은 크고 작은 생활의 변화를 가져왔다. 외래품 가운데 사치품은 대부분 궁중이나 귀족 부호들의 집으로 들어갔다. 민중들은 더욱 식량이 모자라는 현실에 부딪혔으며 높은 벼슬아치와 부호 들은 수입 사치품으로 호사스러운 생활을 누렸다.

나라 안 계층의 갈등

개항으로 말미암아 조선은 서양의 여러 나라와도 무역을 하게 되었고 외교관계도 맺었다. 하지만 내부 준비도 없이 일본과 서양 세력의 활동 무대를 제공한 셈이었다. 민씨 정권은 외세와 결탁해 이권을 하나씩 거머쥐었고 척사파는 목숨을 걸고 개항을 반대하는 운동을 했다. 한편, 개항으로 인해 서양 문물의 수용과 개방을 주장해왔던 개화파는 더욱 기세를 올렸다.

세계정세에 어둡던 조선은 동등한 조건의 국교를 수립하지 못하고 계속 불평등조약을 맺었다. 게다가 척화파와 개화파, 수구파가 서로 으르렁거리면서 대립해 나라는 더욱 혼란스러웠다. 삼정의 문란과 함께 개항에 따른 열강의 이권 침탈로 남은 자원이 유출되었다. 혼란의 시기인 1882년 구식 군인들은 참다못해 폭동을 일으켰다. 이를 임오군란이라고 부른다. 민씨 정권은 무리하게 개화 정책을 밀어붙여 신식 군대인 별기군을 양성하면서 구식 군대 군인에게는 봉급을 지급하지 않았다. 구식 군대 군인들은 이에 항의해 민씨 정권 타도에 나섰다. 그들은 경복궁으로 몰려가 고종을 압박했고 민씨 정권의 배후 인물인 민비를 잡아 죽이려 했다. 구식 군대 군인들은 권력에서 밀려나 있던 흥선대원군을 받들어서 정권을 맡게 했다.

민씨 일파와 민비는 도망을 쳤다. 서울에 주둔하고 있던 청나라 군인들은 민씨 일파의 요구에 따라 구식 군인들을 타도했고 흥선대원군을 잡아 중국에 유폐시키는 불법적 행동을 멋대로 저질렀다. 구식 군대 군인들의 폭동은 일단 수습되었으나 국가 주권은 청나라에 의해 처참히 유린되었다.

1884년에는 개화파가 민씨 정권을 타도하려는 일대 사건을 일으켰는데, 이를 갑신정변이라 한다. 개화파는 민씨 정권이 자신들이 추구하는 개화 정책을 반대하자 일본의 힘을 빌려 민씨 정권을 무너뜨리려 했다. 그리하여 김옥균, 홍영식 등은 일본군의 지원을 믿고 우정국 건물 낙성식을 기회로 삼아 민씨 정권의 핵심 인물인 민영익을 저격하고 경복궁을 습격했다.

그러나 다시 청나라 군대가 이들을 몰아냈고 일본 군인은 처음 약속과는 달리 적극적으로 나서지 않았다. 결국 김옥균, 박영효 등 주동자는 일본으로 망명했다. 이 사건은 사흘 만에 실패로 끝나 '삼일천하'라 불렸다. 지금까지 살펴본 바와 같이 조선은 청나라와 일본의 군대 손에 놀아났다. 이 두 사건으로 국가의 주권이 크게 훼손되었다.

민씨 정권은 더욱 부패해 외국 상인들에게 이권을 팔아먹고 뇌물을 챙기고 벼슬을 파는 등 불법과 부정행위를 일삼았다. 무엇보다도 안동 김씨의 세도정치 시기보다 매관매직이 성행했다. 그 대상은 주로 지방관이었는데, 신임이나 연임을 하려면 감사의 경우 1만 냥, 현감의 경우 3000냥을 주어야 했다. 물산이 풍부한 고을은 값이 더 비쌌다. 감사로는 전라감사와 평안감사, 수령으로는 여주목사, 나주목사, 김해부사, 고부군수 따위를 값비싸게 쳤으나 함경도의 수령은 가장 값이 눅었다. 전라감사 3년을 지내면 3대에 걸쳐 떵떵거리며 살았다. 그래서 서울 사람들은 "아들 낳아 과거 보여 전라감사 시키고 싶네"라는 노래를 불렀다 한다.

많은 값을 치른 만큼 본전을 뽑으려면 가혹하게 가렴주구를 해야 했다. 하지만 과만(瓜滿, 수령의 임기)을 채우기가 쉽지 않았다. 어느 수령은 막 부임해 구실아치들과 입을 맞추고 있을 때 후임자가 들이닥쳐 그 자리에서 물러나야 했다. 온갖 줄을 대고 고부군수로 부임한 조병갑처럼 드센 전봉준 부자를 만나 쫓겨난 일과 비슷한 경우도 있었다.

심지어 과거에 합격하려 해도 시관에게 뇌물을 바쳐야 했다. 과거 급제자는 예비 벼슬아치였기에 그 값이 수령에 비해 낮았다. 하지만 과거

시험장을 '야바위판'이라 불렀다. 여기에 민가 자식들과 몇몇 문벌가 아들들은 잘 짜인 각본대로 모조리 합격했다. 재기발랄한 문장가 강위도, 당대 첫손으로 꼽히는 시인 황현도 낙방하고 세상을 원망했다. 안동 김씨가 성긴 얼레빗이라면 여흥 민씨는 촘촘한 참빗이어서 서캐까지 샅샅이 훑어먹었다고 조롱할 만하다.

농민의 처지는 삼남 농민 봉기 시기보다 더욱 가혹해 지주들은 소출의 8할을 도조로 받았고 부호들은 1년에 배의 이자를 받는 장리쌀을 풀었다. 끝내 도조와 장리의 대가로 남은 논마저 빼앗긴 소작농들은 먹고살 길이 없어 고향을 떠나 떠돌며 밥을 빌어먹기 일쑤였고 중간 지주들은 온갖 명목의 잡세를 내느라 농사를 지어도 손에 떨어지는 것이 없을 지경이었다. 그리하여 중간 지주들도 불평불만에 차 있었다. 도시의 떠돌이 상인에게도 난전세(亂廛稅, 가게가 없는 떠돌이 장사꾼에게 매기는 세)를 빠짐없이 받아갔고 영세 어민에게는 하찮은 고기잡이에도 무거운 어업세를 물렸다.

민중은 "에이, 이놈의 세상 빨리 망해야지"라고 수군거렸고 중간층도 "민가네 놈들 때문에 못 살겠어"라고 불평을 토해내기 일쑤였다. 최하층민인 노비와 백정은 세상이 뒤집어지기만을 바라면서 세상 돌아가는 꼴을 살폈다. 그런데도 민씨들과 일부 벼슬아치들은 집안 벽장에 금송아지와 보화를 숨겨두었고, 부엌에는 고량진미가 넘쳐났으며, 곳간에서는 고기가 썩어 냄새가 진동했다.

한편, 벼슬아치들은 척사파, 개화파, 수구파 등의 갈등에다가 친일파,

친청파, 친미파, 친러파 등으로 나뉘어 아웅다웅하며 끊임없이 분란을 일으켰다. 엊그제까지는 당파 싸움으로 날을 지새웠는데, 오늘은 외국 세력을 등에 업은 패거리들이 갈라져 으르렁거렸다.

3장

타오르는 민중 봉기의 불길

동학의 전파와 민중의 호응

19세기를 '민란의 시대'라 말한다. 몇몇 문벌가가 이른바 세도정치를 통해 모든 권력을 틀어쥐고 온갖 부정과 불법을 자행했다. 그래서 평안도를 중심으로 한 농민전쟁, 삼남을 중심으로 한 농민 봉기가 잇따라 일어났다. 조선 말기의 환란도 이제 막바지에 이르렀다.

최제우는 혼돈의 시대에 "사람이 한울이다"라는 기치를 내걸고 동학을 창도했다. 동학은 자연과 인간이 조화를 이루되 인간중심적 사회 종교이며 나라와 시대의 모순을 고민하고 돕는 보국 종교라 할 수 있다. 이는 "사람을 한울처럼 섬겨라", "널리 창생을 구제하라"는 가르침에서도 드러난다.

농민군의 1차 봉기는 국가 수탈과 탐관오리가 없는 땅에서 '사람답게

최제우 초상 최제우는 몰락 지식인으로 동학을 창시했다.

살자'는 바람에서 전개되었다. 조선이 건국된 이래 가장 큰 규모의 민중 봉기였다. 농민군은 전주성을 점령한 뒤 집강소 활동을 전개해 스스로 신분해방 운동을 벌여 우리나라 풀뿌리 민주주의 시대를 열었다.

최제우는 몰락 지식인으로 1860년에 동학을 창시했다. 동학은 세상을 복잡하고 시끄럽게 뒤흔들면서 민중에게 새 희망을 주었다. 최제우의 사상적 기저에는 아버지 최옥의 영향이 크게 자리잡고 있었다. 최옥은 과부의 개가를 허용할 것을 주장하고 그 자손을 차별하는 정책은 옳지 못하다는 글을 남기기도 했다. 최옥은 신분제도를 타파하려는 실학자의 풍모를 지녔다고 볼 수 있을 것이다.

조선왕조는 통치질서의 골간을 차별적 신분제도에 두었다. 양반을 정점으로 하여 상민, 천민으로 계층을 나누어 차별했다. 양반사회 내에서도 적서(嫡庶)의 차별을 두었다. 또 과부의 재가를 허락하지 않았고 그 자손들에게도 사회적 불이익을 주었다. 최옥은 후처로 과부를 맞이했고 그 후처에게서 아들을 두었으니 최제우는 서자였던 셈이다. 최제우

최제우 출생지 경주 현곡면 가정리

는 의식 속에서 자신이 서자라는 관념을 떨쳐버릴 수 없었을 것이다. 이 런 인식을 바탕으로 그는 계집종을 해방시켜 한 명은 며느리, 또 한 명 은 수양딸로 삼았다.

한편, 최제우는 젊었을 때 전국을 떠돈 적이 있었다. 그 무렵 일어난 삼남 농민 봉기를 직접 목격했고 민중이 굶어죽어 시체가 길거리에 널 려 있는 모습도 보았다. 그를 찾아오는 사람들도 바로 이런 신분계층이 었던 터라 민중의 고통을 누구보다도 잘 이해하고 있었다.

최제우는 일종의 기도문으로 주문을 제시했는데, 바로 "시천주조화 정, 영세불망만사지(侍天主造化定 永世不忘萬事知)"였다. 그 뜻은 '한울 님을 모셔 조화가 정해짐을 길이 잊지 아니하면 온갖 일을 알게 되나라'

『**동경대전**』 최제우가 지은 동학의 한문 경전으로 '포덕문'·'논학문'·'수덕문'·'불연기연' 네
편으로 구성되어 있으며 2대 교주인 최시형이 발간했다.

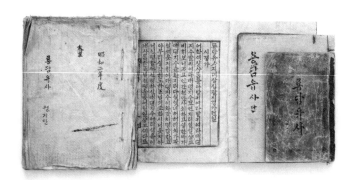

『**용담유사**』 최제우가 지은 동학의 한글 포교 가사집으로 '용담가'·'안심가'·'교훈가'·'몽중
노소문답가'·'도수사'·'권학가'·'도덕가'·'흥비가'·'검결' 아홉 편으로 구성되어 있다.

다. 동학도들은 이 주문을 외워 마음의 안정을 찾고 주술적 힘을 얻었다. 이 주문은 최제우가 살아 있을 때 경주를 중심으로 퍼져나가 경상도 내륙 지방에서는 골골마다 들렸다 한다. 또 누구나 함께 평등한 새 세상, 즉 '개벽사상'을 제시했다. 최제우는 당대 민중의 고통을 이해하고 어루만지는 새 종교를 제시한 것이다. 그러나 그는 '이단의 가르침으로 정도를 어지럽혔다'는 죄목으로 1864년 대구의 경상감영 앞거리에서 처형되었다. 여기에서의 '정도'는 유교의 가르침을 뜻한다.

잠시 최제우가 붙잡혀 처형된 과정을 살펴보자. 1863년 12월, 안동 김씨가 세도정치를 펴는 조정에서 그를 잡아들이라는 엄한 명령을 내렸다. 제자들이 이 정보를 입수하고 몸을 피하라고 했지만 최제우는 이를 거절하고 담담하게 잡혀갔다. 그는 서울로 압송될 때 포졸들에게 이끌려 25명의 제자와 함께 문경새재에 당도했다. 이때 새재에는 동학도 수천 명이 몰려 있었다. 그들은 포졸들의 손에서 그를 빼내려 한 것이었다. 여기에는 뒷날 영해사변을 일으킨 이필제도 끼여 있었다.

최제우와 그의 일행은 과천까지 끌려갔다 마침 철종이 승하해 대구 감영으로 돌아왔다. 국상 동안에는 서울에서 옥사를 벌이지 않는 것이 관례였기 때문이다. 최제우가 대구감영에서 문초를 받을 때 그의 신도들은 대구로 몰려와 그를 구출하려는 움직임을 보였다. 여기에는 최시형도 끼여 있었다. 최제우는 다리가 부러질 정도로 모진 고문을 당했다. 그런 와중에도 그는 최시형이 대구 부내에 있다는 말을 듣고 "재빨리 멀리 도망처라"라고 지시했다. 그리하여 최시형은 동학의 포덕을 위해 눈물을 흘리며 대구를 벗어났다.

최제우는 동학을 포덕한 지 3년여 만에 잡혀 죽었다. 최제우의 아내와 자식들은 풀려났지만 그의 제자 여러 명은 유배되었다. 하지만 최시형은 도망친 덕에 무사할 수 있었다. 최제우가 죽은 뒤 그의 아내와 자식들은 산속으로 몸을 피했고 최시형도 끝없는 잠행(潛行)을 했다. 최시형의 열성어린 포덕에 따라 동학은 조정의 탄압에도 아랑곳하지 않고 전국으로 번져나갔다. 2대 교주가 된 최시형은 충청북도와 강원도 산골로 들어가 끝없이 포덕을 했다. 그는 숨어 지내면서도 쉴새없이 노동을 하며 실천적 삶을 살았다.

최시형은 거처를 정할 때 동네 입구가 바라보이는 집을 골랐다. 그는 마루에 앉아 짚신을 삼으면서 동네 어귀에 눈길을 두었다. 머리맡에는 보따리를 놓아두고 잠을 잤다. 보따리에는 몇 끼 먹을 양식과 짚신 몇 켤레, 숟가락 그리고 스승의 글을 베낀 두루마리를 넣어두었다. 조금이라도 수상한 낌새가 보이면 보따리를 들고 뒷산으로 도망가기 위함이었다. 그리하여 '최보따리'라는 별명을 얻게 되었다.

그는 무엇보다 핍박받는 사람들에게 평등사상을 일깨워주었다. 최시형은 '적서의 차별 없애기, 어린이 사랑하기, 여성의 처지 개선하기, 양반과 상놈 구별 없애기' 등 평등사상을 가르치고 실천했다.

평등사상을 좀더 구체적으로 살펴보자. 최시형은 적서를 차별하지 말라고 강조하면서 "사람은 한울이라 평등이요, 차별이 없나니라. 사람이 인위로써 귀천을 가리는 것은 곧 하늘의 뜻에 어긋나는 것이니 제군은 일체 귀천의 차별을 철폐해 선사의 뜻을 계승하기로 맹세하라"고 가르쳤다. 그는 도인들이 적서를 구별하는 언설을 극구 말리면서 서자 출신에게 교단의 책임을 맡겼다. 많은 반대를 무릅쓰고 호남좌우도 편의 장에 서자 남계천을 임명한 경우가 이에 해당된다.

또 부녀자와 어린이를 두고는 "나는 비록 부인, 소아의 말

최시형 최시형은 최제우가 처형당한 이후 동학의 2대 교주가 되어 동학의 사상과 조직을 안정시켰다.

이라도 배울 것은 배우며 좇을 것은 좇나니, 이는 모든 선은 다 하늘의 말로 알고 믿음이니라"라고 가르쳤다. 또한 "도가(道家) 부인이 어린아이를 때리는 것은 한울님의 뜻을 상하는 것이니 심히 삼가야 할 것"이라고도 했다. 동학의 인간중심사상은 당시 핍박받던 민중에게 큰 위안이었고 희망이었다.

그러나 전통적 유학자와 기득권 세력의 부호는 이런 평등사상을 외면했다. 이때 반불입(班不入, 양반은 들어오지 않는다), 사불입(士不入, 선비는 들어오지 않는다), 부불입(富不入, 부자는 들어오지 않는다)이라는 말이 돌았다. 동학은 천주교마저 공인을 받아 선교의 자유를 누리고 있는 현실에서도 공인받지 못해 끊임없이 탄압을 받았다. 따라서 이런 정

황을 살펴볼 때 독일농민전쟁 과정에서 기독교와 농민이 단순하게 결합한 경우와는 달리 동학농민혁명은 전개과정에서 '겉으로 종교의 이름을 빌린 껍데기' 역할만 했다고 볼 수 없을 것이다.

최시형의 포덕 활동과 이필제의 변혁운동

최시형이 강원도, 충청도, 경상도 등지의 산악지대를 누빈 끝에 1870년에 들어서는 동학도의 수가 상당한 수준으로 늘어나면서 동학 재건에 성공한 듯했다. 최시형이 바닷가 근처 고을 영해에서 지하 포덕을 하고 있을 때였다. 충청도 결성(지금의 홍성) 사람 이필제가 최시형에게 접근했다.

　이필제는 충청도 내륙과 경상도 아랫녘에서 끊임없이 변혁운동을 벌이고 있었다. 이필제는 영해로 잠입해 동학도들과 접촉하고 동지로 끌어들이는 공작을 폈다. 그는 최시형을 찾아가 최제우의 신원(伸冤, 억울함을 풀어줌)을 위해 순교한 날인 3월 10일을 기해 봉기하자고 회유했다. 최시형은 처음에는 시기를 기다리자며 거절했다가 마침내 허락했다. 그리하여 동학도 500여 명을 모아 무장하고 동해만의 군사 요지인 영해부의 관아를 습격했다. 동학교단에서는 이를 영해사변이라고 한다. 그 관련 기록을 살펴보자.

　밤중에 성안으로 몰려와 관아에 불을 지르고 무기를 탈취하자 이

관아의 별포군들이 어쩔 줄을 몰라 급히 달아나면서 의병(봉기군)을 향해 총을 쏘다가 흩어졌다. 필제와 낙균이 곧바로 동헌에 들어가서 부사를 끌어내려 죄를 따져 묻기를 "너는 나라의 녹을 먹는 신하로서 정사를 어지럽히고 그르쳤으며 백성 학대하기를 이같이 하고 재물 탐하기를 저같이 하였다. 거리에는 방문이 붙고 저자에는 원망하는 소리가 자자하다. 이 고을 정사가 이러하니 죄를 어찌 벗어나리오. 비록 용서하고 싶으나 의리로는 탐학한 관리를 죽이는 것이다"라고 말했다.

—『도원기서(道源記書)』

이어 이방에 보관되어 있던 돈 궤짝을 부수고 동민들에게 골고루 나누어주었다. 봉기군은 성중을 손아귀에 넣고 소를 잡아먹으며 승리를 자축했다. 저녁밥을 지어먹을 때는 민가에서 밥이나 솥을 가져가면서 꼬박꼬박 돈을 지불했다. 그들은 관아에서 군사 훈련을 하면서 호기를 부렸다.

봉기군은 하룻밤 마음껏 호기를 부린 뒤 이틀 만에 부중에서 물러났다. 그들은 영양 쪽으로 달아나다 일월산으로 들어가 유격전으로 맞섰다. 하지만 관군에게 밀려 수십 명이 잡히거나 죽었고 최시형과 이필제 등은 사방으로 뿔뿔이 흩어져 달아났다. 관군은 그들을 색출하려고 일대 수색령을 내렸다.

이필제는 1871년 문경새재 등지에서 유회(儒會)라는 이름으로 동지를 모아 다시 봉기를 준비하다가 새재의 수문장에게 발각되어 도망쳤으나 문경 읍내에서 잡히고 말았다. 그는 모반 대역죄인으로 포도청에서 신문을 받다가 의금부로 넘겨졌다. 이필제의 문초는 다음과 같이 시작되었다.

이름을 이리저리 바꾸고 종적을 날려 숨겨서 도당을 긁어모아 난을 일으키려 한 것은 무슨 복심인가? 한 번 굴러서 호중(湖中, 충청북도 지방)을 선동했고, 두 번 굴러서 영남에서 옥사를 일으켰고, 영해에까지 손을 뻗어 작변했으니 지극히 끔찍하다. 또 독한 말은 간담을 흔들어놓는다. 이미 오래전에 도마 위에 오른 고기였는데, 그물을 빠져나간 고기가 아직도 목숨을 붙이고 있으니 오래 사람들이 다 같이 분을 참지 못하는 바이다. 또 조령에서 도둑 무리를 매복시켜 흉측한 계획을 품었다가 죄악이 차서 저절로 잡혀온 것이다.

— "역적필제기현국안", 『추안급국안(推案及鞫案)』

이렇게 이필제의 행적을 요약해 나열하고 있다. 이필제는 먼저 공주에서 일을 꾸미려다 발각되어 충청북도로 진출했다. 그러고 나서 지리산 언저리로 나와 가짜 암행어사 노릇을 하기도 했다. 그는 지식이 많고 변설에 능란했으며 키는 6척 장신에 수염이 덥수룩했다고 한다. 그는 어디를 가든 두목 노릇을 하면서 불평객들을 끌어모았다.

이필제가 서울에서 처형당한 뒤 최시형은 다시 수색에서 벗어나기 위해 잠행을 거듭했다. 이에 동학교도는 "좌석이 따뜻해지기도 전에 이 같은 변고가 있는가? 필제의 목숨이여, 하늘이 어찌 이 사람을 태어나게 해서 망령되이 스스로 화를 만들어내니 어찌 이보다 심하게 거슬리는 이치가 있겠는가?"(『도원기서』)라며 한탄을 늘어놓았다.

이렇게 해서 경상좌도 일대의 동학 조직은 무너졌고 동학도들은 달아나 숨었다. 최시형은 몇몇 제자와 도망쳐 영월 산중으로 숨어들었다. 이 사건을 두고 동학에서는 영해사변이라 부른다. 전국에는 다시 동학교도에 대해 일대 수색령이 내려졌다. 동학교단의 역사에서는 이를 수난의 시대라 기록하면서 이필제를 동학을 해친 인물로 기록하고 있다.

문경새재에서 최제우를 만나 동학에 입도했다고 하지만 이필제는 동학교도를 이용해 일을 꾸미려 한 변혁 세력이었다. 그리하여 영해사변은 동학교도와 원민(怨民)이 결합한 최초의 사건이었다. 허균은 원민을 호민(豪民)이 들고 일어나면 여기에 따른 무리라고 설파했으며 전봉준은 고부 봉기 당시 동학교도보다 원민이 많았다고 했다. 이필제는 직업처럼 변란 주모자로 활동하면서 동학 조직을 이용하거나 동원하려는 계획을 세웠던 것이다.

아무튼 최시형은 홍역을 치르고 나서 다시 동학 재건에 나섰다. 이 일로 모진 수난을 겪자 뒷날 이필제 사건을 늘 교훈과 경계로 삼았다. 최시형은 교조 신원을 위해 한때 동조했던 것이지만 두 사건으로 10년 적공(積功)이 날아간 셈이었다.

왜놈과 양놈은 물러가라

최시형은 다시 강원도와 경상좌도 일대를 잠행하면서 많은 교도를 확보했다. 세월이 지나자 관가의 수색도 느슨해졌다. 1880년대 무렵에는 보은 언저리에 정착했다. 보은 장내리는 속리산 아래에 있는 산골 마을이었지만 상주, 청주와 가까워 위험 부담이 컸다. 하지만 결단을 내리고 포덕의 본거지로 삼았다.

장내리에 머물 무렵 새 교단 지도자들이 몰려들었다. 김연국, 서병학, 손병희, 손천민 등 청년 또는 장년 지식인 그룹이 제자로 입도했다. 신선한 인물들로 활기가 넘쳤다. 최시형은 한 번도 발길이 닿지 않았던 호남으로 찾아들었다. 그가 전주 등지에서 포덕을 할 때 너무나 많은 사람이 몰려들어 마당에서 포덕식을 가졌다. 마당에 명석이나 돗자리를 펴놓고 청수 한 그릇을 상에 올리고 절을 하는 것으로 입도식을 치렀다.

호남의 새 교도들은 열성이 아주 높았다. 중간 지주도 많이 입도했다. 이때 새 교도로 들어온 인사에는 김낙철, 손화중, 김개남, 김덕명 등이 있었다. 이렇게 사람들이 입도식에 몰려든 이유는 무엇일까? 새로운 세상을 열망하는 사람들이 많았던 것이다.

동학은 연달아 충청우도로도 세력을 뻗쳐 예산의 박인호 같은 인물을 끌어들였다. 또한 경상좌도의 요지 진주로도 조직을 확대했으며 황해도까지 교도를 확보했다. 아직 평안도와 함경도에는 손길이 미치지 못했다. 동학은 세력이 커지면서 힘으로 맞서보려는 의지를 보였다.

그 무렵부터 기세가 등등해진 동학교도는 도망치기만 하지 않았다.

삼례집회터 삼례집회에는 수천 명이 몰려들었고 동학교도에 대한 탄압 금지 등의 요구 사항을 전라감사에게 전달했다.

그들은 당장 세상을 요정내자는 변혁 세력과 좀더 기다렸다가 기회를 엿보자는 온건 세력으로 나뉘어 있었다. 동학이 충청도와 전라도에 급속도로 퍼지자 충청감사 조병식과 전라감사 이경직은 동학교도를 잡아들여 고문하거나 무고한 농민들의 재산을 갈취했다. 아직도 그들은 사태가 어떻게 돌아가는지 파악하지 못하고 있었다.

이에 동학교도는 큰 세력을 기반으로 1892년 말에 대규모 집회를 공주와 삼례에서 공개적으로 개최하면서 항의했다. 공주집회에는 1000여 명, 삼례집회에는 수천 명이 몰려들었다. 여기에서 동학교도에 대한 탄압 금지, 교조 신원, 탐관오리 처벌 등 요구 사항을 충청감사와 전라감사에게 전달했다. 두 감사는 동학교도의 기세에 놀라 그들의 요구를 조정에 전달하겠다고 약속했다. 그리하여 집회는 일단 해산했다. 삼례집회의 항의 문서를 관아에 전달할 사람으로 전봉준이 지목되었다. 전봉준이 공식 석상에 처음 등장하는 순간이었다.

두 집회를 끝낸 뒤 지도부의 강경파는 서울로 올라가 궁궐 앞에서 복합상소(伏閤上疏)를 하자고 주장했다. 또 전라도에서는 그들이 무리를 지어 관아에 대항하는 분위기가 조성되었다. 이제 상소운동은 거스를 수 없는 흐름이었다. 최시형도 어쩔 수 없이 허락할 수밖에 없었다. 최시형은 전국 교도에게 통유문을 보내 광화문 앞에서 복합상소에 참여하라고 독려했다.

1893년에 복합상소운동이 구체적으로 추진되었다. 2월 8일에 박광호를 소수(疏首, 상소할 때 맨 먼저 이름을 올리는 사람)로 하여 손천민이 지은 상소문을 들고 김연국, 박인호, 손병희 등은 서울에 봉소도소(奉疏都所)를 차렸다. 2월 11일에는 광화문 앞에서 복합상소를 단행했다. 이들 대표 수십 명은 과거를 보려는 유생 차림으로 위장하고 광화문에 엎드려 소문을 올렸는데, 그 요지는 다음과 같다.

첫째, 동학을 서학과 같은 이단으로 지목해 최제우를 좌도난정(左道亂正)으로 얽어 극형에 처한 것은 부당하다고 했다. 동학은 동방에서 나와 동인이 배우는 바가 되니 이단이 될 수 없다고 이렇게 설파했다. "동학을 가리켜 서학으로 공격하지 말고 선한 사람들을 이단으로 몰아 꾸짖지 않는 것이 옳다."

둘째, "감사와 수령은 사람 보기를 초개와 같이 하고 향간(鄕奸)과 토호는 도인 보기를 화천(貨泉, 돈이 모인 샘)같이 하여 주구와 토색하기를 끊임이 없지만 동학교도는 안심정기(安心正氣)로 근본을 삼고 있으니 이를 막아달라"고 호소했다.

이는 궁극적으로 교조의 원통함을 풀어주고 동학을 공인해달라는 요구였다. 다만 시정의 폐단에 대해서는 한마디도 적시하지 않았다. 따라서 사회 변혁을 위한 상소운동이 아니었다는 해석이 나올 수밖에 없을 것이다.

이에 대한 임금의 전교는 "정학을 높이고 이단을 배척하는 것은 열성조에서 전해오는 법"이라 전제하고 "이단을 내세워 야료를 부리는 자들은 선비로 대우할 수 없으며 국법에 따라 죽음을 내릴 것이다"(『고종실록』)라고 했다. 교도들은 아무런 성과도 얻지 못하고 물러났다. 그들은 경복궁 군졸의 발길에 차이면서 쫓겨났지만 눈물을 흘리며 이를 갈면서 뒷날을 도모했다.

광화문 복합상소는 실패로 끝났지만 이를 앞뒤로 하여 외세배척운동이 활발히 전개되었다. 다시 삼례에서 동학도 수천 명이 모여 외세의 배격을 천명했다. 그들은 밤을 타서 전국 곳곳에 벽보를 붙이고 봉기를 선동했다. 그 통문은 대략 이러했다. "농사를 짓는 사람은 농사를 짓고 글을 읽는 사람은 글을 읽으면서 혹여 두려워 동요하지 말라. 우리는 왜놈과 양놈을 쓸어 없애려는 것일 뿐 평민에게는 간섭하지 않을 것이다."(김윤식, 『속음청사』)

구체적으로 서울에서는 기독교를 배척하고, 선교사를 추방하고, 침략 세력을 몰아내자는 방문이 프랑스공사관, 미국공사관, 일본공사관을 비롯해 기독교 교회당과 학당 등에 나붙었다. 이어 척양척왜를 적은 전라감영에 보낸 방문과 같은 내용의 벽보가 보은 삼문과 부산 성문은 물론 곳곳에 붙었다. 같은 세력의 소행이었으며 '왜놈과 양놈을 배척해 의리를 부르짖는다'는 척왜양창의(斥倭洋倡義)를 분명히 내걸었다.

한편, 일본공사관에는 전라도 동학당 6만여 명이 서울로 올라갔다는 보고가 날아왔고 『도쿄니치니치신문(東京日日新聞)』은 '전주에서 그 당류 4000여 명이 모여 외국 선교사와 상인은 모두 물러가라고 요구했다'고 보도했다. 또 포도청에 잡힌 동학교도는 '거괴는 전라도에 있다'고 말하기도 했다. 이에 프랑스공사관에서는 군함 세 척을 인천에 보내달라고 본국에 요청했고 미국과 일본 공사관에서도 그 대책을 세우기에 분주했다. 불안을 느낀 일본의 장사꾼 등 거류민은 귀국하려고 짐을 싸두기도 했다.

이 무리를 이끈 사람들은 누구일까? 지금까지 정확하게 밝혀지지 않았지만 짐작할 수 있다. 그들은 최시형 계열의 교도들이 아니라 서장옥·황하일과 김개남·전봉준·손화중이 이끄는 세력으로 보는 것이 맞을 듯하다. 그 무렵부터 동학교단 또는 변혁 세력 안에서 온건파인 북접과 강경파인 남접으로 나뉘기 시작한 것으로 보인다. 다만 서장옥과 황하일은 북접에 속하면서도 변혁 세력에 가까워 남접인 앞의 세 사람과 뜻을 함께한 것으로 보인다.

척왜양창의의 기치를 내걸다

동학교도는 1893년 봄에 보은 장안 마을과 금구 원평에서 정말 놀랄 만한 대규모 평화집회를 잇따라 열었다. 역사상 가장 많은 군중이 몰려들었다고 해도 지나친 말이 아닐 것이다. 먼저 보은집회를 살펴보자.

그해 3월 초에 보은 장안 마을로 이어진 작은 오솔길은 전국에서 몰려든 사람들로 북적였다. 그들은 낮에는 돌로 보루를 쌓거나 개천가에 진지를 만들다가 밤이 되면 마을로 들어가 움막이나 민가에서 잠을 잤다. 함께 모여 경전을 읽거나 훈련을 하기도 했다. 보은관아에서는 조심스레 그들의 동정을 살피고 있었다. 구실아치들이 긴장을 늦추지 않고 있을 때 관아에 방문이 붙었다. 방문 내용은 다음과 같다.

> 지금 우리 동쪽 나라 3000리 강토는 모두 짐승의 자취로 가득하고 500년 종묘사직은 장차 없어져 기장이 자라는 밭이 될 것이니 인의예지(仁義禮智)와 효제충신(孝悌忠信)이 지금 어디에 남았는가? 하물며 왜적은 도리어 원한의 마음을 품고 재앙이 될 빌미를 숨겼다가 그 독기를 뿜어내고 있어 위급함이 아침저녁으로 다가오고 있다. 그런데도 아무렇지 않은 듯이 여겨 태평하다고 말하니 지금의 형세는 어찌 불이 붙은 장작더미 위에 앉아 있는 것과 다르다고 하겠는가? …… 옛말에 "큰 집이 기울어지면 한 개의 기둥으로 버틸 수 없고 큰 파도가 일어나면 한 척의 조각배로 맞설 수 없다"라고 했으니 우리 수만 명은 함께 죽기를 맹세하여 왜놈과 양놈을 몰아

보은집회터 1893년 봄 전국에서 모인 수만 명이 충청도 보은에 모여 척왜양창의를 외쳤다.

내고 깨부수어 큰 은혜에 보답하는 의리를 다하고자 한다.

— 어윤중, 『취어(聚語)』

이 글은 '동학창의유생'이라는 명의로 쓰여 있었다. 군수 이중익은 곧바로 충청감영에 보고했고 이어 조정에 전달되었다. 이중익은 연달아 염탐꾼을 장안 마을로 보내 동정을 살폈다.

며칠 사이 이곳에 경기도, 강원도, 황해도 등 전국 곳곳에서 모여든 사람만 해도 몇만 명에 이르렀다. 그들은 최시형의 보따리처럼 담발랑(擔鉢囊)을 메고 왔다. 담발랑에는 쌀과 소금, 짚신 서너 켤레가 들어 있었다. 그들의 차림은 대개 갓을 쓰고 두루마기를 입었지만 도포 차림을 한 선비들도 있었고 맨머리에 봉두난발을 하거나 수건을 이마에 질끈 맨 상놈도 있었다.

마을 곳곳에 돌로 보루를 쌓고 중간중간에 움막과 천막을 벌여놓았다. 보루에는 집회의 지도부 인사들이 거처하면서 지령을 내렸다. 모인 이들은 산기슭과 좁은 들판에 움막집을 짓고 아는 사람들끼리 모여 잠을 자고 모임을 가졌다. 마을이 북적여서 옆에 있는 삼년산성에도 사람들이 올라가 움막을 지었다.

각기 가져온 쌀을 모아 작은 솥에 밥을 지었다. 수건에 밥을 한 주걱씩 퍼주면 밥을 입으로 베어 물고 소금을 핥았다. 숟가락과 그릇이 모자랐던 것이다. 또 봄철이어서 이불을 덮지 않고 잠을 잤지만 아직 쌀쌀한 기운이 남아 있어 새벽이면 덜덜 떨었다. 지도부에서는 양식이 모자랄 것을 대비해 마을 사람들과 부호들에게서 얻어온 쌀을 쌓아두기도 했다.

봄비가 추적추적 내리는데도 심부름을 맡은 사령들은 신이 나서 옷깃을 펄럭이며 지도부의 지시를 전달하고 다녔다. 여기 모인 초라한 무지렁이들은 구호를 외치고 함성을 지르면서 기세를 돋웠다. 그들은 '시천주조화정'으로 시작하는 주문을 외거나 "때가 왔네, 때가 왔어, 다시 못 올 좋은 때로다"라는 검가를 부르기도 했다. 그들은 이를 민회(民會)라 불렀다. 아직 무기는커녕 죽창 하나 들지 않았으니 틀린 말이 아니었다. 몽둥이를 들고 오는 사람이 있으면 빼앗아서 창고에 집어넣었다.

집회 참가자들의 출신 지역을 살펴보면 일단 보은 언저리 고을 사람들이 가장 많았고 먼 곳에서 산을 넘고 물을 건너온 사람들도 있었다. 그 밖에 경상도에서는 남쪽 멀리 진주접·하동접, 전라도에서는 영암접·무안접·순천접, 경기도에서는 수원접·용인접 등, 충청도 외곽 지역에서는 공주접·태안접·비인접, 강원도에서는 원주접·홍천접 등에서 왔고 황해도에서는 해주접 등에서 왔다(『취어』).

그 주축은 충청도, 경상도, 전라도이지만 평안도와 함경도를 제외하고는 거의 전국의 고을에서 모여들었다고 해도 맞을 것이다. 이는 동학 조직이 전국적으로 확대되었음을 알려주는 한편, 무언가 살길을 찾아보려는 사람들이 많았다는 뜻이기도 하다. 또 이 집회에 몰락한 양반과 사족, 쫓겨난 구식 군대 군인들도 있었다는 사실에도 주목이 된다.

이제 그들의 구체적 행동을 살펴보자. 그들은 세 종류의 깃발을 내걸었다. 가장 큰 깃발에는 '척양척왜'라 썼고, 중간 깃발에는 참여 지역을 표시했으며, 작은 깃발에는 구호 같은 글귀를 적었다. 오색의 천으로 만든 깃발이 하늘에 찬란하게 나부꼈다. 색색으로 물든 수많은 기치에는 척양척왜를 비롯해 사인여천(事人如天), 보국안민(輔國安民), 광제창생(廣濟蒼生), 제폭구민(除暴救民) 등의 글귀가 쓰여 있었다. 또 지도부는 최시형을 우두머리로 하여 서병학이 차좌(次座, 두번째 책임자)를 맡았고, 손병희·손천민이 실무를 지휘했으며, 다른 지도자로는 황하일·서장옥, 운량도감으로는 이름을 알 수 없는 전도사(全都事) 등이 참여했다. 전라도 사람에게는 양곡 운반 책임을 맡겼던 것으로 보인다.

보은군수와 청주 병영 등의 보고를 받은 조정에서는 깜짝 놀랐다. 여흥 민씨 일파는 끝내 큰일이 터졌다고 여겨 온건한 벼슬아치인 어윤중을 양호선무사로 삼아 현지로 내려보냈다. 어윤중에게 전달한 임금의 말은 다음과 같았다.

억울함을 풀고자 하는 것이 있다면 각각 목사와 수령과 관찰사가 있는데, 어찌 사실에 근거하여 그 까닭을 조정에 보고하지 아니하고 이같이 사람을 불러 꾀어 무리를 지어 서로 선동하여 온 마을에 시끄럽게 거짓말을 퍼뜨리는가? 지난번 타이르고 설득한 이후에는 (광화문 상소) 경계하여 삼가고 두려워하여 움츠리는 것이 마땅한데도, 오히려 다시 가끔 호서와 호남의 사이 언저리에 머물러 행적이 이치에 어긋나고 위세를 헛되이 펼치고 있으니, 만일 사악한 무리가 재앙을 좋아하는 것이 아니라면 이는 몰지각한 우매한 백성의 짓이다.

임금의 이런 분부는 아직도 사태의 심각성을 도통 모르고 있다는 증거였다. 어윤중은 마음이 내키지 않아 머뭇거리다가 행장을 꾸려 내려왔다. 어윤중은 4월 1일 청주에서 관계 벼슬아치와 군사를 데리고 대포까지 준비해 장안 마을로 들어갔다. 어윤중은 먼저 임금이 내린 분부를 전달했다.

모두 나 한 사람이 너희를 이끌어 편안하게 하지 못한 탓이며, 또한 여러 고을의 목민관과 수령 들이 너희를 부추겨 벗겨먹고 곤박하게 괴롭혔기 때문이다. 탐욕스러운 장수와 마음이 시커먼 아전 들은 장차 처벌할 것이다. 오직 내가 백성의 부모가 되어 그 백성들이 스스로 의롭지 못한 것에 빠지는 모습을 보며 슬퍼하고 안타깝고 측

은하게 여기거늘 어찌 어둠을 열어 밝은 곳으로 향하게 하는 길을 생각하지 않겠는가? …… 너희는 모두 양민이니 각각 스스로 물러나 돌아가는 사람은 마땅히 토지와 재산을 되돌려줄 것이므로 이로 하여금 편안히 생업에 힘쓰게 할 것이니 의심하거나 겁을 먹지 않도록 하라.

부드러운 말로 탐학한 벼슬아치를 찾아내 처벌하겠다고 약속했지만 당장의 위기를 모면하기 위한 사탕발림이나 다름없었다. 어윤중은 군사의 힘으로 집회를 해산시킬 수 없다고 판단했던 것이다. 다만 어윤중은 무기를 들고 있지 않은 민회임을 인정해 조정에 '함부로 무력을 사용해서는 안 된다'고 건의했다. 그는 타협을 모색해 지도부 인사, 곧 서병학을 만나 설득과 회유를 하고 공갈 협박을 늘어놓기도 했다.

집회의 지도부는 조정을 향해 크게 네 가지 요구조건을 내걸었다. 첫째, 교조 최제우의 원통함을 풀어달라는 것 둘째, 교도의 탄압을 중지하라는 것 셋째, 외국 세력은 물러가라는 것 넷째, 외국 상품을 배격하고 목면(무명)을 입으며 국산품을 애용하자는 것 등이었다.

음성에 살던 김영상의 『율산일기』에 따르면 좀더 구체적으로 일본과 서양 세력을 배척할 것, 민씨 세도를 쫓아낼 것, 호별 단위로 거두는 군포세를 없앨 것, 악화인 당오전을 없앨 것, 각 고을의 세미를 바르게 매길 것, 무명옷을 입고 외국 물품을 팔지 못하게 할 것 등 민생 문제를 중심으로 그 개선을 요구했다. 여러 세력이 자신의 이해에 따라 요구조

〈탐관오리도〉, 박홍규, 2014년.

건이 달랐다고 풀이할 수도 있다.

해산을 약속한 뒤 최시형, 서병학 등 지도부는 먼저 달아나 몸을 숨겼다. 곧이어 4월에 몇십 명, 몇백 명이 무리를 지어 흩어지기 시작했다. 보은집회는 20일쯤 모여 있다가 해산했다. 어윤중은 이때 모인 사람들을 보고 그들의 성분과 신상을 다음과 같이 분석했다.

그 처음에는 부적이나 주문을 끼고서 사람들을 현혹하려고 참위(讖緯, 세상일을 예언한 비결)의 글을 전해주어 세상을 속이려 했다가 끝내 지략과 포부, 재기를 안타깝게 펴지 못하는 자가 여기에 돌아왔고, 탐관오리가 횡행하는 것을 분하게 여겨 백성을 위해 그 한 목숨을 바치려는 자가 여기에 돌아왔고, 외국 오랑캐가 우리 이권을 마구 빼앗는 것을 통분하게 여겨 망령되이 그들을 내쫓는다고 큰소리치는 자가 여기에 돌아왔고, 탐욕스러운 장수나 부정한 벼슬아치의 학대를 받아도 아무 데도 호소할 곳 없는 자가 여기에 돌아왔고, 경향에서 세력을 마구 쓰는 자들에게 위협을 받아 스스로 목숨을 보존할 수 없는 자가 여기에 돌아왔고, 서울이나 지방에서 죄를 짓고 여기저기 도망다니는 자가 여기에 돌아왔고, 여러 고을의 관속 무리로 의지할 곳이 없어 떠돌며 흩어져 살던 자가 여기에 돌아왔고, 농사를 지어도 집안에 남는 곡식이 없고 장사를 해도 손에 남는 이익이 없는 자가 여기에 돌아왔고, 무지몽매한 무리로 풍문을 듣고 동학에 드는 것이 삶을 누리는 것으로 여기는 자가 여기에 돌아왔고, 빚을 지고 갚지 못해 모진 독촉을 견디지 못하는 자가 여기에 돌아왔고, 상놈이나 천민으로 한번 기를 펴서 출세해보려는 자가 여기에 돌아왔다.

여기에 모인 군중에 대한 이와 같은 성격 분석은 매우 정확하다고 할 수 있다. 이 분석은 보은집회에 참여한 군중에게만 해당되는 것이 아니었다. 때를 같이하여 모인 원평집회 참여자는 말할 것도 없고 농민군에 호응하는 부류도 마찬가지였다. 어윤중은 개화파의 한 사람이었는데, 내정 개혁만은 동학교도 또는 농민군과 뜻을 같이했다. 또한 비리의 온상인 민씨 정권의 타도에도 동조했다. 다만 이 보은집회에 호남인들이 다수 참여했지만 최시형의 지시를 따르는 교도였다고 보아야 할 것이다.

열기 가득한 원평집회

어윤중은 양호선무사의 임무를 띠고 남쪽으로 내려갈 채비를 했다. 이를 알고 있던 서병학은 어윤중에게 "호남에 모인 무리는 겉으로 보면 비록 우리와 같지만 종류가 다르다고 할 수 있습니다. 통문을 만들어 걸어놓은 것은 모두 그들이 한 짓입니다. 형편이 매우 다르니 원하건대 공께서는 자세하게 살펴 처리하고 우리 무리와 혼동하지 말고 옥석을 구별하십시오"라고 말했다. 서병학은 이때부터 변절자가 되어 농민 봉기 당시 관군의 길잡이 노릇을 했고 그뒤에는 한성부 경리청 남부도사 벼슬을 얻었다.

이 말대로 원평에 모인 세력은 제물포로 곧바로 올라간다고 소리를 치기도 했고 보은집회에 합류한다고도 했다. 어윤중도 이를 듣고 긴장하지 않을 수 없었다. 어윤중은 다음 임무를 수행하기 위해 호남으로 내려가다 전주에 이르러 원평집회가 해산했다는 전갈을 받고 가슴을 쓸어내리며 서울로 발길을 돌렸다.

그렇다면 원평의 사정이 어떠했는지 살펴보자. 1893년 3월부터 수만 명이 원평에 모여 보은집회의 귀추를 엿보고 있었다. 그들은 북접에서 전면적 봉기를 단행할 때 만반의 준비를 하고 호응하려는 의지를 보였다. 원평에서는 남접의 지도자들이 주도했는데, 그 중심에는 전봉준이 있었다. 전봉준은 북쪽의 동정을 예의 주시하고 있었다.

원평에 모여드는 사람들은 동학교도보다도 순수한 농민들이 더 많았다고 해야 할 것이다. 북접의 지시를 받는 호남의 동학교도들은 거의 보

원평집회터 1893년 3월 전봉준 등이 중심이 되어 전라도 원평에서 대규모 집회를 개최했다.

은집회에 참석했고 원평에는 김덕명을 비롯해 전봉준, 김개남, 손화중, 최경선 등의 지도자가 이끄는 남접 중심으로 집회가 진행되었다. 다만 북접에 속하는 서장옥, 황하일의 세력도 일부 섞여 있었다. 따라서 보은 집회보다 더욱 터질 듯한 강렬한 분위기가 연출되었다.

　그들은 높다랗게 제단을 만들어 풍물을 울리고 소리판을 벌이며 사람들의 이목을 끌었다. 말깨나 하는 사람들이 단에 올라 조정과 수령의 부정을 늘어놓았고 양반과 지주 들의 횡포를 고발했으며 때로는 구호를 연창하기도 했다. 원평에서는 동학의 주문이나 경전 읽는 소리보다 세상을 한탄하고 벼슬아치를 질타하는 외침이 가득했다.

　한편에서는 모래밭에 솥을 걸어놓고 소를 잡아먹거나 여기저기에서 막걸리판을 벌여놓고 와자지껄 떠들었다. 얼큰하게 취한 농민들은 제각기 불평의 소리를 토해냈다. "갓난아이 몫으로 군포를 매기고는 강제로 솥이나 숟가락 몽당이를 거두어갔다", "아, 글쎄 지주가 무자년 흉년 때 도조를 내지 않았다고 하여 어린 딸을 첩으로 삼으려 데리고 갔다", "봄에 환곡 쌀을 얻었는데, 모래와 짚, 풀이 절반이나 섞여 있었고 가을에 갚을 때에는 깨끗한 쌀만 받아가면서 규정보다 세 배나 물렸다", "상전이 자기 아내를 강제로 끌고 가서 잠자리를 같이했다", "구실아치들이 푸줏간의 고기를 제 어미 회갑잔치에 쓴다고 한 푼 내지 않고 쓸어갔다" 등의 불만을 호소했다.

그들은 영세 농민이거나 노비, 백정의 신분을 지닌 이들로 두 주먹을 불끈 쥐기도 하고 가슴을 치면서 벌떡 일어나기도 했다. 절절한 성토의 장이자 제 목소리를 되찾는 신명의 장이기도 했다.

이는 원평 향토사학자 최순식과 그곳 노인들의 증언을 종합해 구성한 이야기다. 원평집회 관련 기록은 보은집회와는 달리 단편적으로만 전해질 뿐이다. 원평집회 세력의 성격에 대해 황현은 다음과 같이 말했다.

처음 동학은 그 무리를 불러 포(包)라고 했는데, 법포와 서포가 있었다. 법포는 최시형을 받들었는데, 최시형의 호가 법헌(法軒)이기 때문이다. 서포는 서장옥을 받들었는데, 서장옥은 수원 사람이다. 서장옥은 최시형과 더불어 모두 최제우의 가르침을 따랐는데, 최제우가 죽자 각각 도당을 세워 서로 사사로이 전수하면서 이름 붙이기를 포덕(布德)이라 했다. 그리하여 아무개의 포라고 서로 표시하기로 약속했다. 서포가 먼저 일어나고 법포가 뒤에 일어났기 때문에 서포를 일어난다는 뜻을 따 기포(起包)라 하고 법포를 앉아 있다는 뜻을 따 좌포(坐包)라 이름했다. 전봉준이 일어날 때에는 모두 서포였다.

—『오하기문(梧下紀聞)』

곧 전봉준은 강경파인 서장옥에 동조해 봉기했다는 뜻이요, 최시형 계열은 머뭇거리다가 마지못해 동조한다는 뜻이었다. 그리하여 북접 사람들은 "전봉준이 사사로이 교도들을 빼앗아 전라도 금구 원평에 몰려 있었다"라고 지탄했다.

또 원평집회에는 영광 불갑사, 장성 백양사, 고창 선운사 등 남도의 유명한 사찰의 승려들이 참여했다. 전봉준은 보은집회의 귀추를 살피기 위해 승려 긍엽을 비밀리에 보은 장안 마을로 파견했다. 전봉준이 유교 사회에서 천대를 받는 불교 세력을 끌어들인 정황은 여러 곳에서 드러난다. 뒷날 이야기이지만 전봉준은 도망을 다니면서 백양사에 숨어 지낸 적도 있었다.

한편, 그들 속에는 각지에서 농민 봉기를 주도한 직업적 봉기군이 섞여 있었다. 주로 떠돌이생활을 하던 그들은 조용히 눈치를 살피며 지도부를 은근히 압박했다. 누군가는 보은집회의 귀추와는 상관없이 곧바로 제물포로 달려가자고 외쳤고 전라감영에 괘서를 보내 전주성을 공격할 것이라고도 통고했다. 하지만 전봉준은 보은집회가 맥없이 해산했다는 보고를 받고 다음의 거사를 기약하며 일시 해산하기로 결정했다.

전봉준 등 지도자들은 변장을 하고 각기 은신처로 돌아갔고 모여 있던 군중도 자신이 속한 접소로 가서 활동을 재개했다. 녹두장군의 명성은 이때부터 널리 퍼지기 시작했다. 군중이 녹두장군의 당당한 기상을 우러러보았던 것이다. 인상적인 데뷔 무대였다.

이후 사정은 심상치 않았다. 보은집회가 해산할 때 그곳 참가자들은 진산, 충주 등 지역 단위로 몇천 명, 몇백 명씩 무리를 지어 흩어졌다. 많은 사람의 힘으로 관군의 단속을 막으려는 것이었다. 돌아간 그들은 지례의 삼도봉, 진주의 덕산, 상주의 우복동, 지리산 등지에서 관아에 맞섰다. 원평집회의 경우 참여한 농민군 400여 명은 보은으로 올라가다 진산에서 어윤중을 만나 해산하기도 했으며 순창에서 수천 명이 다시 모이기도 했다. 한편, 경상도의 밀양, 전라도의 삼례 등지에도 수천 또는 수백 명씩 모였다가 흩어졌다. 충청도 청풍에서는 관아를 습격해 분탕질을 치기도 했다. 그 밖의 개성, 여주, 이천, 충주 등 곳곳에서도 군중이 수백 명씩 모였다가 흩어졌다고 하니 조정으로서는 보통 놀랄 일이 아니었다.

역사에 가정은 없다지만 만약 원평집회에서 전봉준 등의 주장대로 이때 두 집회의 힘을 합쳐 전면적 무장 봉기를 단행했다면 어떤 결과가 빚어졌을까? 전국 병영의 군사들은 전혀 훈련되지 않았고, 무기도 녹슬어 무기고에 처박혀 있었으며, 사기도 말이 아니었다. 또 청나라군이 서울에 일부 주둔하고 있었으나 일본군은 거의 진출하지 않은 상태였다. 청나라군 또는 일본군이 개입할 여건이 되지 않았으므로 농민군에게는 대적할 상대가 없었을지도 모른다.

이런 일촉즉발의 상황에서도 조정에서는 미봉책으로 일관하면서 전면적인 개혁 정책을 실시하지 않았고 오히려 동학농민군 토벌작전을 서둘렀다. 한 치 앞도 내다보지 못하는 못된 제 버릇을 개에게도 주지 않고 다시 끌어안고 놀았다. 프랑스혁명 직전의 부르봉 왕조처럼 어리석게도 눈과 귀를 꼭 닫았다.

한편, 두 집회를 비상한 관심을 갖고 지켜본 세 부류의 세력이 있었다. 먼저 여흥 민씨였다. 그들의 우두머리 민영준(민영휘)은 벼슬과 이권을 팔아먹는 데 한눈팔려 있다가 정신이 번쩍 들었다. 그는 앞으로 닥칠 큰 변고에 대비해 위안스카이(袁世凱)에게 청나라 구원병을 요청했다. 나라 안의 군사력만으로는 변란 세력을 토벌할 수 없다고 판단했던 것이다.

민영준은 또다른 일을 추진했다. 먼저 자기네 사람을 골라 현지 첩자로 보냈다. 그들 첩자는 현지를 돌아다니면서 온갖 정보를 수집해 혜당댁(惠堂宅, 민영준의 별호)으로 보냈다. 민영준은 그 정보를 바탕으로 조정에 나가 대비책을 세웠다. 종래의 군사를 개편해 친군영(親軍營) 소속으로 평양에는 서영(西營), 강화도에는 심영(沁營), 청주에는 진남영(鎭南營), 대구에는 남영(南營), 전주에는 무남영(武南營)이라는 이름으로 지방 수비군을 배치했다. 이때 그들 군사 경비는 국가 재정이 아니라 현지에서 조달하게 하여 백성의 고통을 더욱 가중시켰다. 예를 들어 호남에서는 무남영의 경비로 대나무밭에 죽세라는 명목의 세금을 받아 원성을 샀다.

둘째, 청나라 사람들, 곧 중국의 정치권력을 틀어쥐고 있는 이홍장(李鴻章)과 조선에 들어와 거들먹거리는 위안스카이 등이었다. 그들은 갑신정변 이후 군사를 서울에 주둔시키고 조선의 종주국 행세를 하려 들었다. 그 지위를 더욱 확고히 하기 위해 여흥 민씨와 손을 잡고 조선 조정을 조종했다.

그들은 본격적으로 군사를 조선에 보내게 되면 일본을 견제하고 조선을 속방(屬邦)으로 만들기 쉽다고 판단했다. 그들도 때때로 첩자를 현지에 보내 정보를 수집했다. 홍계훈이 양호초토사로 내려올 때 청나라 군이 따라와 청일전쟁이 일어나기 전까지 정보를 수집했다.

셋째, 일본이었다. 일본은 그 누구보다도 예의 주시하며 조선의 동정을 살폈다. 일본은 보은집회를 보고 "동요(動搖)는 1893년에 시작되었다"라고 외쳤다. 앞서 말했듯이 일본은 메이지유신 이후 정한론(征韓論)이 대두되었다. 조선을 정벌해 지배하면서 대륙 진출의 교두보로 이용하자는 주장을 폈다. 그런 이유로 기회를 엿보며 구실을 찾았다. 일본도 조선의 실정을 알아내고자 첩자를 대거 보냈다. 첩자들은 약장수 같은 장사꾼으로 변장하거나 기자 유학생으로 위장했다. 대부분 조선에 대한 상식을 갖고 있었고 조선말에 능통한 자도 있었다. 어쩌면 일본은 조선 조정보다도 민심의 동향을 더 잘 파악하고 있었는지도 모른다.

4장

보국안민의 깃발을 드높이다

결의에 찬 사발통문을 돌리다

원평집회를 이끌고 난 뒤 김덕명은 원평, 전봉준은 고부, 김개남은 남원, 손화중은 무장, 최경선은 태인을 근거지로 삼아 민심을 충동하고 농민군을 모으는 활동을 본격적으로 벌였다. 이곳의 민심은 폭약을 안고 때를 기다리고 있었다. 전봉준은 원평집회에서 새로운 희망과 용기를 얻었다. 이 대목에서 그의 이력을 잠시 살펴보자.

전봉준은 고창 당촌 태생이지만 훈장이었던 아버지를 따라 여기저기 이사를 다녔다. 한때 원평 언저리나 태인 지금실에서 살았고 나이가 들어서는 고부 조소 마을에 거처를 정하기도 했다. 그가 조소 마을에 살 때는 서당 훈장 노릇을 했고 그 마을과 가까운 말목장터에서 약국을 열기도 했다. 하지만 가난했던 탓에 논 서너 마지기를 소작으로 부

전봉준 고택 1894년 동학농민혁명 당시 전봉준이 생활했던 곳으로 사적 293호로 지정되어 있다.

처 가족을 먹여 살렸다.

전봉준은 끊임없이 동지를 모으고 제자를 양성했다. 젊을 때 김덕명을 선배로, 김개남·손화중·최경선을 동지로 삼아 어울렸다. 토호와 양반 들은 그가 뭔가 일을 꾸민다는 낌새를 알아차렸다. 그리하여 전봉준은 늘 신중하게 처신했다.

전봉준에 대한 일화 두 가지를 알아보자.

먼저 조소리 서당에 있을 때 손님이 찾아와 마루에 앉아 담소를 나누고 있었는데, 이웃집에서 백숙을 가져왔다. 전봉준은 백숙에 눈길도 주지 않고 있다가 개가 얼씬거리자 백숙을 마당으로 던졌다. 닭고기를 뜯어먹던 개가 갑자기 컥컥거리면서 죽었다. 독약이 든 음식이었던 것이다.

또하나는 전봉준은 늘 부하나 동료 서너 명을 데리고 돌아다니다가 밤이 되어서야 친지 집에 찾아들었다. 그러고는 방으로 들어가서 댓가지를 마루에 내놓았다. 그러면 집주인 아낙네가 손님 수를 헤아려 그에 맞게 밥을 지어 들였다. 자신과 일행의 얼굴을 감추기 위함이었던 것이다.

동학농민혁명 최고 지도자 전봉준, 박흥규, 2012년.

그는 체구는 작았지만 코는 우뚝하고 귀도 크며 눈빛이 형형하여 그와 한 번만 만나면 그 당당한 위풍에 압도될 정도였다. 평생 과묵하여 말을 많이 하지 않았고 집에서는 부모를 지극한 효성으로 모셨으며 아내를 사랑하여 집안은 항상 화기가 돌았다. 그는 마을의 어린이를 모아 천자문과 소학을 가르쳤는데, 사방으로부터 찾아오는 손님이 줄을 이었다. 마을 사람이 오면 반드시 툇마루에 나와 인도했고 그 집안의 높낮이, 신분의 귀천으로 차별하지 않았다. 변란 전에 왕래하는 손님이 잇달아 왕복했다.

—기쿠치 겐조, 『동학당의 난』

전봉준은 이처럼 명망을 얻어 사람을 모으고 세력을 키웠다. 그의 동

선운사 도솔암 마애불 동학교도들이 마애불에서 비결을 탈취한 후 동학교도 수가 급격히 늘어났다.

지들은 향촌 지식인이었고 그를 따르는 사람들은 가난한 농민이었다. 그의 서당에서 4년 동안 글을 배운 박문규는 전봉준을 평생 존숭하면서 이를 뒷받침하는 이야기를 자서전인 『석남역사(石南歷史)』에 남겼다.

그 무렵 호남의 민심을 상징적으로 보여주는 일화가 있다. 바로 1892년 8월 고창 선운사 도솔암의 비결사건이다. 선운사 위쪽에 있는 암자 도솔암 절벽에 새겨져 있는 마애불 배꼽에 비결이 숨겨져 있다는 전설이 있었다. 이 비결을 꺼내면 세상에 변란이 일어나 세상을 바꾼다는 말이 떠돌았다. 오지영 등 동학교도들이 이 비결을 꺼내 도망친 사건이 일어났다. 이를 안 무장현감 조명호는 오지영, 강경중, 고영숙을 주모자로 잡아들여 고문했다. 이에 동학교도들은 감옥을 습격해 세 지도자를 탈출시켰다. 이 사건 이후 동학교도에 대한 수색이 더욱 심해졌다고 한다.

그런데 각지 천주교도들이 수집한 정보를 묶은 뮈텔문서에는 비결이 아니라 숨겨둔 금덩이를 꺼냈다고 기록되어 있다. 흔히 부처 소상의

팔왕보터에 세워진 만석보 유지비 고부군수 조병갑이 만석보의 수세를 과중하게 매기고 착복하자 이에 분개한 농민들이 전봉준을 필두로 민란을 일으켰고, 이는 동학농민혁명의 도화선이 되었다.

배에는 복장(腹藏)이 들어 있으니 그 말이 맞을 수도 있다. 어느 기록이 맞을까? 오지영은 『동학사(東學史)』에서 이 사건에 신비주의적 요소를 가미해 과장되게 기술했다. 그 언저리 사람들은 마애불에서 꺼낸 비결에 세상을 바꾼다는 예언이 들어 있다고 믿었다. 아마도 비결은 민심을 동요하게 만드는 하나의 수단이었을 것이다.

조병갑은 고부군수로 부임해 당시 수령들이 저지르는 온갖 부정을 그대로 일삼았다. 세미를 족징, 인징의 수법으로 거두어들였고, 환곡과 공물을 마구잡이로 매겼으며, 만석보와 팔왕보의 수세를 감면해주겠다는 약속을 깨고 거두었다. 게다가 부모에게 효도하지 않는다거나 노름

사발통문의 집 전봉준과 그의 동지들은 고부 죽산리 송두호의 집에 모여 전주성을 점령하고 서울로 직향하자고 하는 사발통문을 작성했다.

을 했다며 트집을 잡아 돈을 갈취했다.

1893년 가을, 가을걷이가 끝나고 세미를 바친 농민들은 마침내 분노를 터뜨렸다. 그해 11월에 고부군수에게 등소하기로 뜻을 모았다. 그 장두(狀頭)로 전봉준의 아버지 전창혁을 비롯해 정익서, 김도삼 등의 이름을 올렸다. 전창혁은 잡혀가서 곤장을 늘씬 얻어맞고 집으로 돌아온 뒤 장독(杖毒)으로 죽었다. 전창혁이 죽고 난 뒤 고부의 민심은 더욱 소용돌이쳤다. 아들인 전봉준의 개인적인 원한도 끓어올랐으리라.

고부 서부면 죽산리에 사는 부호 송두호는 전창혁, 전봉준 부자와 친분이 두터웠다. 전봉준과 그의 동지들은 송두호의 집을 사발통문의 모의 장소로 삼았다. 이 마을은 앞이 낮은 산으로 막혀 있어서 길가에서

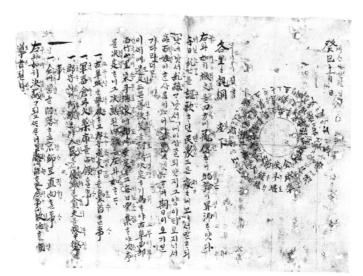

사발통문 전봉준 등 20명이 서명한 사발통문에는 전주성을 점령하고 서울로 곧바로 향하자는 내용이 쓰여 있다.

바라보면 사람들의 왕래가 잘 드러나지 않았다. 그해 어느 겨울날, 송두호의 집으로 사람들이 꾸역꾸역 모여들었다. 방 가운데에 사발 하나가 종이 위에 엎어져 있었고 벼루 위에는 붓이 놓여 있었다. 모인 사람들 중에는 소년과 노인도 있었다.

그들은 사발 모양대로 그린 원을 따라 돌아가며 서명했다. 예전부터 백성과 선비 들이 등장이나 상소를 올릴 때 누가 우두머리인지 알지 못하게 사발을 엎어놓고 둘러가며 서명을 했다. 그때 작성한 사발통문에는 20명이 서명했는데, 아래쪽 가운데에 전봉준과 송두호의 이름이 적혀 있고 그 밖에 김도삼, 송대화, 최경선, 손여옥 등의 이름이 있다. 고부 고을민뿐 아니라 고창, 부안, 정읍에 사는 사람들도 있었다. 이어 각 마을의 집강 앞으로 보내는 글귀를 적었다.

오른쪽과 같이 격문을 사방에 날려 전하니 여론이 비등했다. 매일 난망(亂亡)을 구가하던 민중들은 곳곳에 모여서 말하되, "낫네 낫서 난리가 낫서 에이참 잘 되얏지. 그양 이대로 지내서야 백성이 한 사람이나 어데 남어 잇겠나" 하며 기일이 오기를 기다리더라.

이때 도인들은 선후책을 토의, 결정하기 위하여 고부 서부면 죽산리 송두호 집에 도소를 정하고 매일 운집하여 차서(次序)를 결정하니 그 결의된 내용은 좌와 같다.

하나. 고부성을 격파하고 군수 조병갑을 효수할 사

하나. 군기창과 화약고를 점령할 사

하나. 군수에게 아부하여 인민을 갈취한 탐관오리를 쳐 징계할 사

하나. 전라감영을 점령하고 서울로 곧바로 올라갈 사

이것이 통문의 내용이다. 각 마을에서 일을 보는 집강들에게 먼저 격문을 돌린 뒤 여론이 들끓자 다시 모임을 가져 이같이 행동을 결의했다고 밝히고 있다. 지금 전해지는 사발통문은 끝부분이 떨어져나갔으나 영도자를 뽑았다는 구절이 보인다. 이 촌구석 마을에서 모인 사람들이 과연 고부성을 격파하고 전주성을 점령하고 서울로 진격할 수 있을지 그때는 누구도 믿지 못할 만용으로 여겼을 것이다.

동학혁명모의탑 1968년 사발통문이 발견된 뒤에 서명한 후손들이 비용을 각출해 지금의 고부면 신중리 주산 마을 앞에 동학혁명모의탑을 건립했다.

이어 그해 12월에는 전봉준이 60여 명을 이끌고 고부관아에 가서 다시 등소했다. 조병갑은 11월 30일자로 익산군수로 전임 발령이 났다가 1894년 1월 9일자로 다시 고부군수로 발령이 났다. 수령의 인사 고과를 맡은 전라감사 김문현은 "그를 다른 읍으로 옮기고 새 수령에게 맡기면 실정을 몰라 잘못을 저지르기 쉽습니다"라고 보고를 올렸다. 고종은 이 말을 믿고 "그가 이런 일을 특별히 잘 해낼 것이다"라며 연임 조치를 내렸다. 그렇게 해서 조병갑이 전임 발령을 받은 지 39일 만에 얼토당토않게 고부로 돌아오자 사람들은 치를 떨었다.

그해 한겨울 무장의 동음치 당산리(지금의 고창군 공음면)의 송문수

고부관아터 일제가 고부관아터에 고부초등학교를 세웠다.

집에 여러 사람이 모여들어 머리를 맞대고 회의를 했다. 그 자리에는 전봉준을 비롯해 손화중, 정백현, 송문수, 김흥섭 등이 참석했다. 그들은 전라감사 김문현과 고부군수 조병갑의 폭정에 항거하기로 결의했다. 정백현은 무장 출신으로 뒤에 전봉준의 비서가 되었고 고창 출신인 김흥섭은 전봉준의 수행원으로 활동했다.

첫 횃불을 든 고부 봉기

1894년 1월 10일 밤, 예동의 공터로 농민군과 고을민 수천 명이 모여들었다. 전봉준은 군중을 바라보며 "들으시오, 들으시오, 내 말을 들으시오. 아녀자와 노약자를 빼고는 이곳을 벗어나지 마시오"라고 외쳤다. 전

고부민들이 고부관아터로 진격하는 모습을 재현하고 있다.

봉준은 나라의 학정과 조병갑의 비리를 낱낱이 밝히며 조병갑을 몰아내고 민씨 일파를 타도해야 한다고 부르짖었다. 군중은 전봉준의 외침에 열띤 호응을 보이면서 팔을 걷어붙이고 주먹을 불끈 쥐었다. 이 군중을 이끈 우두머리는 전봉준을 비롯해 등소의 장두로 이름을 올렸던 정익서와 사발통문에 서명한 김도삼 등이었다.

전봉준은 고을민 500여 명의 대오를 정비해 횃불을 들고 고부관아로 진격했다. 이제 군중은 머리에 수건을 두르고 죽창을 꼬나든 채 석기를 앞세우고 내달렸다. '석기(席旗)'는 임시방편으로 돗자리나 멍석 따위로 만든 깃발로 여겨진다. 군중 심리는 계기가 생기면 한순간에 흥분해 발동한다. 그들은 더이상 겁먹지 않고 전봉준의 지휘 아래 하나로 뭉쳐 11일 새벽 고부관아 동헌에 기세 좋게 들이닥쳤다.

껌새를 눈치챈 조병갑과 구실아치들은 이미 도망치고 없었다. 군중은 먼저 창고를 털어 쌀을 나누어주었고, 감옥을 부수어 무고한 죄인들을 풀어주었으며, 무기고를 접수했다. 이때부터 이 세 가지 일은 어느 고을에 들어가든지 어김없이 시행했다. 또한 수세미로 거둔 쌀을 실어와 봉기군의 양식으로 나누어주기도 했다. 전봉준은 사발통문에서 고부성을 격파하는 목표는 실현했지만 조병갑의 목을 베는 일은 지키지 못했다.

고을민이 수령을 처형하면 역적의 죄를 받지만 지경 밖으로 내치는 일은 관례로 용인되었다. 여기에 참여한 이들은 역적의 죄를 쓸 각오가 되어 있지 않았을 것이요, 또 아직 세상을 뒤엎을 꿈을 꾸는 사람들이 아니었다. 이런 사정을 전봉준은 누구보다 잘 알고 있었다. 조병갑이 도망친 것은 전봉준의 처지에서는 오히려 다행일 수 있었다.

한편, 조병갑의 입장도 한번 살펴보자. 조병갑은 그저 거머리가 종아리에 달라붙어 피를 빨아먹는다고 여겼을 것이다. 아마도 조병갑은 '왜 김해부사로 있을 때는 별 탈 없었는데, 고부에서 탈이 난 이유는 무엇일까? 이는 전봉준이라는 모진 놈을 만난 탓이다'라고 생각했을 것이다. 또는 "나보다 훨씬 많이 해먹은 민영준이나 사촌인 충청감사 조병식 따위는 탈 없이 넘어가는데, 왜 나만 당해야 하나?"라며 자문했을지도 모른다.

이들 다양한 세력이 섞여 봉기한 군중을 지금부터는 편의상 농민군으로 부를 것이다. 동헌에 앉은 전봉준은 몸을 숨긴 이방 등 구실아치들을 잡아들이고 조병갑의 죄상을 낱낱이 따졌다. 농민군은 관아 안팎에 장막을 치고 모닥불을 피워 추운 날씨를 버티며 밤을 지새웠다. 일본인 첩자, 이른바 '파계생(巴溪生, 본디 미곡상으로 알려진 실명 미상의 인물)'은 이 광경을 다음과 같이 설명했다.

> 진영은 정숙하였고 호령은 명석하였으며 여느 석기군(席旗軍) 같지 않았다. 먼저 악정(惡政)의 시말을 엄중히 조사하기 위하여 날마다 구류된 사람들을 잡아다가 문초했다. 진영은 관아의 안팎에 있었고 모두 장막을 치고 밤에는 불을 피우고 양식은 창고에 있는 쌀로 의지했다.
>
> ─『전라도고부민요일기(全羅道古阜民擾日記)』

이렇게 며칠 동안 보낼 때 고을민 1만여 명이 몰려들었다. 그중 장정만 뽑고 노약자들은 돌려보냈으며 15개 마을마다 각각 대표 다섯 명씩 뽑아 그들을 관리하게 했다. 대표들은 바로 다음날 집강소 활동을 할 때 집강을 맡아보았다고 하는 편이 맞을 것이다.

처음 몰려들었던 일부 고을민들은 조병갑도 쫓아내고 쌀도 얻었으니 돌아가겠다고 했다. 이에 전봉준은 그들에게 "너희는 관가의 곡식을 먹었으니 이미 죽을죄를 지었다. 살고 싶으면 우리와 함께 일을 도모하자"라고 다소 위협적으로 설득했다. 또 전봉준은 마을 집강이나 동네 책임자들에게 "같이 일을 저질렀으니 우리 모두 죄를 받지 말고 일을 마무리해야 한다"라고 선동했다. 이런 설득은 어느 정도 먹혔다.

말목장터 전봉준과 고부민들은 말목장터에 집결해 고부관아로 진격했다.

1월 17일, 날이 밝자 전봉준은 무장한 농민군을 말목장터로 이동시키라고 일렀다. 전봉준은 말목장터에 장두청(狀頭廳, 등소를 할 때 일을 보는 곳)을 차리고 그 안에 대장소(大將所, 지휘부)를 두었다. 이곳에는 밤새도록 횃불을 밝혀놓았다. 장두청에서는 백성의 의사를 관아에 전달하는 일과 함께 여러 부정 사례를 수집하고 문서로 꾸미는 일을 했다. 장두청을 드나드는 사람들은 노끈을 회목(손발의 잘록한 부분)에 감아 표식으로 알아보게 했다.

말목장터 입구에는 해묵은 감나무가 한 그루 서 있었다. 전봉준은 때때로 이 감나무 아래에서 군중을 호령하고 농민군을 지휘했다. 말목장터에 모인 군중은 조병갑이 새로 쌓은 만석보로 몰려가 단숨에 허물어뜨렸다. 그들은 인근 예동의 두전 마을에 그득 쌓아놓은 보세미(洑稅米)를 풀어 고을민들에게 돌려주었다.

전봉준은 고부 봉기를 발판으로 삼아 호남뿐 아니라 전국 전역으로 봉기를 확대하려는 구상을 세우고 창의의 격문을 띄웠다. 전봉준이 보낸 심부름꾼들은 이 격문을 품에 감추고 골골을 뛰어다녔다. 그 요지는 다음과 같다.

말목장터 감나무 2003년 태풍 '매미'로 말목장터 감나무가 쓰러지자 당시 학예연구사 박재상 등의 노력으로 보존 처리한 감나무를 동학농민혁명기념관 로비에 전시하게 되었다.

수령과 목민관은 백성 다스리는 길을 모르고 재물 모으는 근원으로 보고 있다. 그런데다 전운영(轉運營, 세미를 거두어 옮기는 일을 맡은 기구)을 설치하여 폐단이 더욱 번거롭고 심해져 모든 사람이 도탄에 빠졌고 나라가 위태하다. 우리는 비록 초야의 유민이지만 차마 나라가 위태함을 앉아서만 볼 수 없다. 각 고을의 여러 군자는 일제히 소리를 내어 의리로 길에 떨쳐나와 나라를 해치는 도둑을 쓸어 없애 위로는 종묘사직을 보존하고 아래로는 백성을 편안케 하자.

— 이복영, 『남유수록(南遊隨錄)』

조병갑이 쌓은 만석보터 현재 말뚝만 남아 있으며 겨울철 물이 빠져 있을 때 물속에 있는 말뚝을 볼 수 있다.

부여에 사는 시골 선비 이복영이 당시의 정황을 일기에 상세히 남겼는데, 이 격문은 3월 20일자 일기에 적어놓았다. 전봉준이 보낸 격문을 한 달쯤 뒤에 보고 요약해놓은 것이었다. 이로 미루어보았을 때 이 격문은 다른 여러 지역에도 전달되었을 것이다.

고부에서 쫓겨난 조병갑은 김문현에게 도망쳐와 군사 1000명을 주면 고부 난민을 싹 쓸어버리겠다고 했다. 그러나 김문현은 이 말을 들어주는 대신 면피할 생각이었는지 사태를 조정에 보고했다. 이어 그는 사태의 심각성을 알고 수교(首校, 형리의 우두머리) 정석희를 보내 전봉준과 교섭을 벌이게 했다. 정석희는 세 차례나 왕래하면서 전봉준과 대화를 나누었다. 이때 일부 집강들이 정석희에게 전봉준의 행방을 일러주면서 잡아가라고 밀고했으나 그는 오히려 이 사실을 전봉준에게 은밀히 알려주었다. 전봉준이 정석희에게 많은 뇌물을 주었다는 소문도 있었다.

뒤이어 전라감영에서는 군교(軍校, 포교의 우두머리) 정석진을 파견했다. 정석진은 부하 서너 명을 데리고 말목장터로 와서 전봉준에게 해산하라고 윽박질렀다. 이때 마침 전봉준은 말목장터에 수상한 장꾼 50여 명이 연초포(담뱃짐)를 걸머지고 장두청으로 들어오는 모습을 보았다. 전봉준은 그들을 잡아 포박하고 연초포를 풀어보았다. 그러자 연초포 안에는 총, 칼 등의 무기가 들어 있었다. 이 광경을 본 정석진은 도망치다가 농민군에게 잡혀 죽창에 찔려 죽었다.

전봉준은 연초포를 짊어지고 온 상인들을 풀어주면서 "무고한 농민을 해치지 말라" 하고 타일렀다. 전봉준은 장꾼을 가장한 이들을 어떻게 한눈에 알아보았을까? 전봉준이 점괘를 뽑아 해치러 온 사람들을 알아보았다고 말하는 이도 있지만 아마도 장꾼을 가장한 정석진 패거리가 농민군의 암호인 노끈을 매지 않았기에 분간했다는 설명이 이치에 맞을 것이다.

그 무렵 조정에서는 고부에서 심각한 사태가 벌어지고 있음을 비로소 알아차렸다. 그리하여 2월 15일자로 김문현을 감봉 처분하고 조병갑은 죄를 물어 파면했다. 용안현감 박원명을 고부군수, 장흥부사 이용태를 안핵사(按覈使, 현지 조사관)로 임명해 폐정을 바로잡고 우두머리 이외에는 너그러이 조치하라고 일렀다. 또 부정을 자행한 구실아치들을 잡아 죄를 물으라고 지시했다. 그러나 조정의 이런 조치가 도리어 더 큰 사태를 불러왔다.

전봉준은 농민군을 김제의 동진강 입구, 부안의 해안 가까이에 있는 백산에 옮겨 주둔시키기로 결정하고 백산에 흙성을 쌓게 했다. 백산은 50미터가 조금 넘는 낮은 산이었으나 산 위에서 바라보면 사방이 한눈에 들어오는 곳이었다. 말목장터는 사방이 트인 평지인 탓에 관군이 몰려오면 방비가 어렵다 판단하고 전봉준은 장기 주둔에 대비해 산성에 의지하려 했을 것이다. 또 어떤 비기에는

장흥에 있는 이용태 비석 고부 봉기가 일어나 자 이를 해결하기 위해 조선정부는 장흥부사였던 이용태를 안핵사로 임명했다.

"백산은 모든 백성을 살리는 곳"이라고 적혀 있어서 민심을 얻어 농민군을 끌어모으는 데도 도움이 되었을 것이다.

백산에는 예부터 공미(貢米, 공물의 대가로 내는 쌀)를 모아두는 창고가 있었다. 당시 그곳에는 조병갑이 거두어들인 4000여 석의 쌀이 있었다. 전봉준은 먼저 백산의 창고를 습격해 쌀을 모조리 꺼내 백성들에게 나누어주었다. 군중은 귀한 쌀을 받고 신이 나서 "전녹두가 과연 소문대로 우리를 살린다"라고 떠들었다. 그들은 흙성을 쌓는 일에 더욱 힘을 냈다.

그 무렵 농민군에는 무뢰배와 발피(潑皮, 주먹질을 일로 삼는 일종의 깡패) 등 잡다한 세력이 섞여 있었으나 규율이 엄격해 백성을 침탈하는 일은 거의 없었다. 이때 더욱 사방에서 무뢰배와 발피 들이 몰려들었다. 그 무렵 농민군 수는 수천 명에 이르렀다. 전봉준의 직접 지휘를 받는 농민군 지도부는 불법행위를 엄하게 단속했다. 또 동원의 책임을 진 동장과 집강 들에게도 기율을 다지는 책임을 지우고 조직적 활동을 전개하게 했다.

2월 말쯤 전봉준은 백산의 농민군을 정비해 새로운 작전을 펼쳤다. 농민군은 사방의 출입을 막고 백산 건너편 동진강 나루를 봉쇄한 뒤 길목의 요소를 장악해 길가는 사람들도 진영으로 끌어다가 군졸로 부렸다. 고부와 부안, 천지는 농민군 손아귀에 들어갔다. 말목장터와 백산 일대에는 물건 파는 상인들이 몰려들었고 막걸리 파는 노점과 국수 파는 음식점, 잡화를 파는 가게들이 늘어서 마치 장터처럼 시끌벅적했다.

하지만 주변 장터에는 쌀이 나오지 않아 품귀 현상을 빚었다. 일본 첩자 파계생도 "인심이 흉흉해 미곡상 등도 따라서 감소되었다"고 기록했다. 농민군은 고부의 세곡을 빼앗아 군량으로 사용하며 두어 달 정도 버틸 수 있었다. 하지만 주둔 기간이 더 길어지면 먹을거리가 모자라게 될 터였다. 농민군은 줄포로 진출해 세미 창고를 습격해 쌀을 확보하기도 했다.

그 무렵 신임 군수 박원명이 고부로 들어왔다. 광주의 부호 출신인 박원명은 농민군 지도자들을 불러모아 위로하면서 잘못을 바로잡겠다고 다짐하고 자비로 소를 잡고 술을 빚어 잔치를 벌였다. 그러자 농민군은 동요하는 빛을 보이며 해산을 서둘렀다. 마을 지도자인 동장 집강들은 전봉준의 눈치를 보다 박원명의 효유에 "옳다구나" 수군거리며 각자 집으로 돌아갔다.

이를 지켜본 전봉준은 3월 13일 말목장터로 돌아와 군중을 해산하고 부하 수십 명을 데리고 어디론가 사라졌다. 이로써 처음 고부에서 4개월에 걸친 소요와 다음 2개월에 걸친 민란은 더이상 진전되지 못하고 끝이 났다. 대체 전봉준은 어디로 가서 무슨 일을 벌였을까?

농민군 해산의 원인은 첫째, 마을 대표이자 농민군의 지휘 계통으로 포섭된 집강들 중에 토호와 부자가 상당수 있었기 때문이다. 그들은 여러모로 수탈을 당한 분풀이로 민란을 일으켰으나 지경 바깥으로 진출해 역적의 누명을 쓰는 것을 심히 꺼렸다. 적당한 선에서 발을 빼려던 것이었다. 둘째, 농민군의 행동대는 영세농과 머슴, 무뢰배와 발피였다. 그들은 무기를 들어 분을 풀고 곡식을 나누어 받는 따위의 재미를 보다가 토호와 부자 들이 해산하려 하자 덩달아 흩어졌다.

아무튼 국면은 새롭게 전개되었다. 눈치 빠른 전봉준은 뒷날을 기약하고 어느새 몸을 피했던 것이다. 전봉준과 그의 부하들은 칼, 창 등 무기를 땅에 묻거나 민가에 숨기고 달아났다. 이제 전봉준은 고부를 떠나 무장으로 내달렸다.

무장에서 선전포고를 하다

이용태는 농민군이 해산한 뒤 역졸 수백 명을 거느리고 고부로 기어들었다. 그는 박원명과는 달리 '민란 우두머리'를 깡그리 잡아들인다면서 역졸을 마을마다 풀어 부녀자 욕보이기, 재물 빼앗기, 민가에 불 지르기 등의 만행을 저질렀다.

한번은 선운사에서 재산깨나 있는 백정을 동학 무리라며 트집을 잡아 끌고 오다가 손화중 계열의 동학도들에게 잡혔다. 그는 연지원(고부와 정읍 사이) 주막거리에서 매를 흠씬 두들겨맞고 달아났다. 이용태가 잡힌 사실을 안 전봉준이 부탁해 풀어주었다고도 한다. 전봉준은 동학도들에게 "돈을 바치고 빠져나오는 짓을 하지 말고 어디에서건 사람을 잡아갈 때는 서로 솔밭을 흔들어 호응을 할 것이며 포졸은 누구를 가릴 것 없이 만나는 대로 두들겨패서 잡혀가는 사람을 빼앗아오라"고 일렀다.

역졸들이 민가에 불을 지를 때 조소리 전봉준의 초가 세 칸 집도 불에 탔다. 지금 고택을 복원한 바로 그 집이다. 민심은 더욱 들끓었으며 백성들은 봇짐을 싸서 도망치기에 바빴다. 이때 전봉준의 가족도 예전에 살던 태인의 동곡리로 남몰래 이사를 간 것으로 보인다. 전봉준 판결문에 그의 현주소를 태인으로 기재했던 것으로도 짐작할 수 있다.

전봉준은 무장에서 포덕을 하는 손화중을 만나 '때가 왔다'고 설득했다. 또 근처의 여시뫼와 구수내 일대에 농민군 훈련장을 만드는 등 무장을 새 근거지로 삼았다. 전봉준은 손화중의 동의를 얻고 이어 김개남에게 연락해 이제 때가 왔으니 전면적 봉기를 결행하자고 제의했다. 마참내 두 동지의 적극적인 호응을 얻었다. 세 지도자는 이제부터 "죽어도 한날, 살아도 한날"이라며 사생을 두고 맹세했다.

농민군은 무장현 동음치면 당산(구수내)으로 모여들었다. 이곳은 무장관아와 가까운 곳으로 너른 들판이 있었다. 이곳에서 일주일 동안 4000여 명의 농민군을 규합했다. 이들 농민군은 세 지도자의 지휘 아래에 있던 사람들로 고부, 부안, 금구, 고창, 태인, 정읍, 영광 출신이 중심을 이루었다. 이 많은 농민군은 무장관아를 비롯해 여기저기 흩어져 있었다. 농민군은 쌀장수에게 백미를 빼앗았고 부호에게 양곡을 거두었으며 조총, 쇠뇌, 죽창, 낫 등의 무기를 확보했다. 농민군은 무장 곳곳에서 칼과 죽창, 조총을 꼬나들고 기세를 올렸다.

지도부는 농민군 조직을 정비한 뒤 마침내 무장에서 3월 20일 창의소(倡義所, 의리를 외치는 곳)라는 이름을 내걸고 전봉준, 손화중, 김개남 순으로 서명하고 포고문을 발표했다.

임금을 받드는 유교적 충성심이 깔려 있는 포고문은 바로 민씨 정권을 향한 전면적 선전포고였고 벼슬을 독점하고 특권을 누리는 양반 유림을 향한 질타였다. 아직 시대적 조건상 왕정 타도를 내세울 수 없었기에 이는 대중의 호응을 얻기 위한 고도의 전략으로 여겨진다.

끝에 세 지도자의 이름을 내걸고 공동 명의로 발표한 것은 새 지도부가 정식으로 결성되었음을 알리기 위한 의도였다. 이어 지도부에서는 농민군에게 4대 명의(名義)라는 행동 강령을 공포하고 엄격하게 지킬 것을 명령했다.

무장기포지 1894년 3월 20일 전봉준과 손화중이 이끄는 동학농민군은 무장현 동음치면 당산 마을에서 기포했다.

무장읍성 무장기포 이후 동학농민군은 무장읍성을 점령했다.

첫째, 사람을 함부로 죽이지 말고 가축을 멋대로 잡아먹지 말라.

둘째, 충효의 마음을 다하여 세상을 구제하고 백성을 편안케 하라.

셋째, 왜의 오랑캐를 섬멸하고 성스러운 길을 맑게 하라.

넷째, 군사를 몰아 서울로 들어가 세도가를 깡그리 없애라.

이 네 가지 조항은 농민군이 지켜야 할 행동 지침이었다. 또한 전봉준은 여러 두령과 굳게 약속하기를 "매양 적과 싸울 때 우리는 칼날에 피를 묻히지 않고서 이기는 것을 공적으로 삼으며 비록 어쩔 수 없이 싸우더라도 결코 목숨을 상하게 하지 않음을 위주로 해야 한다. 행진해 마을을 지날 때 사람이나 가축을 해쳐서는 안 되며 어진 사람이 사는 마을에는 10리 안으로 들어가서 머무르지 말라"고 했다.

굶주린 농민군은 마을에 들어가면 닭이나 개를 잡아먹기 일쑤였다. 이런 민폐를 끼치지 않으려고 불살물(不殺物)을 강조했던 것이다. 전봉준은 이를 납득시키고자 "닭고기는 계룡산의 정기이니 계룡산의 운수를 해치지 말 것이요, 개고기는 우리의 정신을 흐리게 하니 먹어서는 안된다"라고 하며 그럴싸한 논거를 댔다. 그리하여 실제로 농민군은 마을에 머물면서 닭과 개를 멀리했다. 이는 강원도와 황해도까지 전국적으로 철저히 시행한 농민군의 규율이었다. 홍주목사 이승우는 개를 잡아 농민군에게 억지로 먹이면서 배도(背道)하게 하는 방법을 쓰기도 했다. 천주교도에게 십자가를 밟게 하여 배도를 증명하려는 짓을 흉내낸 것이다.

이처럼 전봉준은 4대 명의와 함께 포고문을 무장관아와 구수내 들판

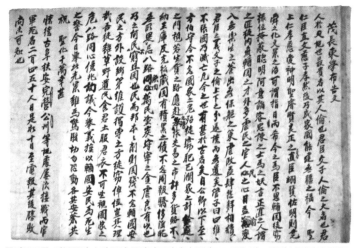

무장포고문 전봉준과 손화중이 무장기포지에서 무장포고문을 발표한 뒤 본격적인 동학농
민혁명이 시작되었다.

에서 장엄하게 읽었다. 포고문에는 전봉준의 이름을 맨 앞에 두어 전봉
준이 총대장임을 드러냈고 백산에서 정식으로 전봉준을 총대장으로 추
대했다. 이 포고문은 전라도를 중심으로 충청도와 경상도에도 전달되었
다. 포고문을 받은 사람들은 "암, 이런 썩은 세상 뒤집어져야지" 하고 손
뼉을 치며 새 세상이 와야 한다고 소리쳤다. 또 이 글을 베껴 돌려 보기
도 했다. 이제 한 고을의 민란이 아닌 혁명의 여정이 시작된 것이었다.

구수내에 집결한 농민군 부대는 '보국안민창의(輔國安民倡義)'라고
쓴 깃발을 앞세우고 기세당당하게 행진했다. 농민군의 지역을 표시하는
깃발에는 무안, 순천, 광주 등 남쪽의 지명도 있었다. 누가 보무당당한
이들을 오합지졸이라 하겠는가? 이에 황현은 다음과 같이 기록했다.

무장기포 농민군 재현 농민군은 보국안민창의의 깃발을 앞세우고 혁명을 위해 무장에서 봉기했다. 이는 전국적인 농민 봉기로 이어지는 출발점이었다.

전봉준은 집이 가난하고 부랑한 무리로 오랫동안 동학에 물들어 늘 답답해하면서 분한 마음을 품고 있었다. 민란이 일어났을 때 뭇사람이 그를 괴수로 추대했는데, 그 간악한 꾀를 미처 드러내지 못했지만 무리가 갑자기 흩어졌다. 그래서 전봉준도 재빨리 몸을 숨겼다. 그런 뒤에 감영에서 수색하여 잡아들이라 하자 그와 같은 무리인 김기범, 손화중, 최경선과 모의하여 큰일을 일으켜 전화위복의 계책으로 백성을 꾀면서 "동학은 하늘을 대신하여 세상을 다스린다(代天理物)", "나라를 보전하고 백성을 편안케 한다(保國安民)"고 소리 높여 외쳤다. 사람을 죽이거나 재물을 빼앗지 않고 오로지 탐관오리만은 한 치도 용서하지 않았다. 이에 어리석은 백성들이 호응하여, 바닷가에 있는 십여 고을이 일시에 호응하여 열흘이 못 되어 수만 명에 이르렀다. 이때부터 처음으로 동학과 난민이 결합했다.

―『매천야록(梅泉野錄)』

황현의 기록은 고부 봉기와 무장 봉기를 묶어 이야기하고 있다. "동학과 난민이 결합했다"는 표현은 동학이라는 종교 주도의 봉기가 아니었음을 지적한 것이다. 농민군의 성격을 잘 규명한 분석으로 눈길을 끈다. 이런 분석은 농민군의 성격을 가장 잘 알고 있는 일본군의 견해와도 서로 통한다.

황토현 아래 널린 주검

구수내에서 출발한 농민군 수천 명은 먼저 무장의 주변 고을인 고창, 흥덕, 금구, 부안 일대를 휩쓸었다. 전봉준은 백마를 타고 앞에 대장기를 펄럭이며 위의를 갖추고 행진했고 말을 탄 군사 20여 명이 뒤에서 호위했다. 농민군이 정식 대오를 갖추었으므로 대장도 위엄을 보이려 한 것일 터였다.

농민군이 가파른 굴치를 넘어 행진해올 때 최경선이 300여 명의 농민군을 이끌고 합류했다. 또 곳곳에서 결성된 많은 농민군이 대기하다가 전봉준의 부대가 나타나자 환호성을 지르며 행동을 같이했다. 이들

태인관아터 동학농민군은 태인관아를 점령했다.

농민군은 먼저 고창으로 들어가 관아를 접수하고 다음날에는 정읍과 고부, 줄포로 흩어져 진출했다. 전봉준이 이끄는 주력부대 3000여 명은 고부로 방향을 잡았다.

그들은 말목장터에 숨겨놓은 무기를 찾아 꺼내들고 23일 밤 다시 고부관아로 몰려갔다. 고부관아는 텅텅 비어 있었다. 관아에 남아 있던 몇몇 죄수와 구실아치들은 전봉준을 보고 두 손 들고 환영의 소리를 질렀다. 전봉준은 옥사에 갇혀 있는 사람들을 재차 풀어주고 창고에 남은 양곡, 무기 등의 물품을 거두었다. 하지만 화약고를 점검하다 실수로 불이 나서 농민군 몇 명이 죽는 사고도 일어났다. 농민군은 고부관아에서 이틀 동안 대오를 정비하고 의사를 강화했다.

한 무리의 농민군은 먼저 태인으로 몰려가 수령을 욕보였다. 사흘 뒤

쯤 그들은 전주의 입구인 원평으로 진출했다. 황급해진 전라감영에서는 감영이 가까운 고을에 공문을 보내 포군과 보부상 수백 명씩 보내라고 지시했다. 그리고 감영의 군사들과 구실아치들에게 용두고개로 나가 밤 낮으로 지키게 했다. 이에 원평으로 진출하던 농민군은 금구관아로 후 퇴해 한바탕 분탕을 친 뒤에 일단 물러갔다. 전주성 점령을 미룬 것으로 보인다.

또 한 무리의 농민군은 부안 농민군과 합세해 부안관아로 들어가 부 안현감 이철화를 묶어 죄를 물었고 일부는 부안의 줄포와 법성포로도 진출했다. 그곳에서 깜짝 놀랄 만한 일이 벌어졌다. 부안 사포에 제주에 서 온 농민군이라고 스스로 밝힌 무리가 상륙한 것이다. 아쉽게도 그들 이 현지 농민군과 어떻게 합류했는지는 알려져 있지 않다.

줄포에 숨어들어 동정을 살피던 일본인 첩자 파계생은 농민군이 행 진하는 모습을 직접 보고 이렇게 기록했다. 그는 자신이 끌고 온 배에 타고서 "봉창을 통해 민란군을 바라보니 척후의 기가 펄럭이고 있었다. 기는 청색, 홍색, 백색, 황색의 구별이 있었다. 농민군이 기를 들고 상하 좌우로 흔들었는데, 때로는 급하게, 때로는 느리게 흔들어 온 부대의 진 퇴를 지휘했다."(『전라도고부민요일기』)

이로 볼 때 농민군은 고부 봉기 당시부터 대오가 정비되어 오합지졸 이 아니었음을 알 수 있다. 이는 다른 '민란 무리'와 차별되는 점이다. 뒤 에서 자세히 이야기하겠지만 일본인 첩자들은 이렇게 곳곳에서 염탐해 일본 정부와 공사관에 보고했다. 농민군이 작전상 전진, 후퇴한 것은 앞과 뒤를 맑게 해 진로를 정비한 것으로 보인다.

한편, 농민군과는 달리 금산(진산 포함)에서는 전봉준이 보낸 통문을 받고 현지 농민군이 스스로 봉기했다. 그들 중에는 고부에서 온 사람들도 있었다. 농민군은 진산 방축리에 모여 있었다. 그러자 보부상 우두머리 김치홍, 임한석 등이 읍민 1000여 명을 이끌고 농민군에게 공격을 퍼부어 114명을 사살하고 9명을 잡아 감옥에 가두었다. 그때부터 금산과 진산은 충청도와 전라도의 접경지대에서 많은 희생과 분쟁을 겪어야 했다. 또 충청도와 경상도 등지에서도 수백, 수천 명이 모여 이른바 불온한 행동을 했다. 그들도 전봉준의 포고문을 받고 행동했는지는 확인되지 않는다.

3월 말쯤 농민군 주력부대는 고부, 예동에 주둔하고 이어 동진강 가의 백산으로 진지를 옮겼다. 각지에서 몰려드는 농민군을 결집시키고 대열을 정비하려는 의도였다. 전봉준이 띄운 포고문을 보고 각지의 농민군이 백산으로 몰려왔다. 고부와 백산으로 몰려든 농민군은 먼저 손화중포, 김개남포, 김덕명포의 8000여 명이었다. 그들 두령으로는 고창의 오하영·오시영, 정읍의 손여옥·차치구, 태인의 김낙삼·최경선 등이었고 접주로는 고창의 홍낙관·홍계관, 고부의 송대화, 금구의 김인배, 무안의 배규인·송두옥·김응문, 남원의 김홍기, 진안의 이사명·전화삼, 장흥의 이방언·이인환, 장성의 김주환, 나주의 오권선, 순천의 박낙양 등이었다. 기록에 나타난 수만 해도 호남 40여 고을의 접주들이 참여했다.

이렇게 백산에 모인 농민군 수가 도합 8000여 명이었다고 한다. 지도

백산성 동학농민군은 백산에 모여 농민군을 새롭게 조직하고 봉기를 본격적으로 전개했다.

부에서는 백산에서 농민군을 새롭게 편성하고 부서를 결정했다. 여러 사람이 전봉준을 총대장으로 추대했다. 이제 전봉준은 정식으로 연합한 동학농민군의 총사령관이 된 것이다. 그 부서를 보면 총관령 손화중·김개남, 총참모 김덕명·오시영, 영솔장 최경선, 비서 송희옥·정백현 등이었다(『동학사』).

총관령은 총대장의 지시를 받아 군사를 지휘하는 부사령관 역할을 담당했고, 총참모는 자문을 구하는 고문 역할이었으며, 영솔장은 가장 앞선 부대를 지휘하는 선봉장이었다. 비서는 여러 문서 실무를 담당하고 선언문을 작성했다. 최경선은 전봉준의 오른팔이라 할 정도로 신임을 받는 부하였다. 송희옥과 정백현은 젊은 문사로 이름을 떨쳤는데, 남아 있는 농민군이 발표한 글을 보면 모두 논리정연한 명문장이다. 전봉준이 직접 쓰기도 했지만 주로 비서들이 그의 지시에 따라 대필했다.

백산 창의비 백산성 정상에는 백산 창의비가 세워져 있다.

정식으로 지도부가 설치되자 백산의 정상에는 '동도대장(東徒大將)' 또는 '보국안민', '제폭구민' 등의 문구가 쓰인 깃발이 펄럭였으며 대부분 흰옷을 입은 농민군이 때때로 죽창을 높이 세워 함성을 질렀다. 농민군은 여기서 대오를 짜고 훈련을 받기도 했다.

흰옷을 입고 푸른 죽창을 꼬나든 농민군의 모습에 "일어나면 백산이요, 앉으면 죽산"이라는 말이 생겨났다. 농민군이 일제히 일어서면 흰 구름을 뭉친 듯했고 앉아 있으면 푸른 죽창이 빽빽했던 것이다. 들썩이는 농민군의 열기는 작은 백산을 들어 옮길 것만 같았다. 먼저 백산의 지휘부에서는 거사 동기를 간단명료하게 밝힌 격문을 다시 사방에 돌렸다.

〈격문〉, 박홍규, 2018년.

우리가 의를 들어 여기에 이름은 그 본의가 결단코 다른 데 있지 아니하고 창생을 도탄 속에서 건지고 국가를 반석 위에 두고자 함이다. 안으로는 탐학한 관리의 머리를 베고 밖으로는 횡포한 강적의 무리를 몰아내고자 함이다. 양반과 부호 앞에서 고통을 받는 민중과 방백과 수령 밑에서 굴욕을 받는 소리(小吏, 낮은 벼슬아치)들은 우리와 같이 원한이 깊은 자라. 조금도 주저하지 말고 이 시각부터 일어서라. 만일 기회를 잃으면 후회해도 돌이키지 못하리라.

—『동학사』

격문은 다시 한번 정치를 바로잡고 외세의 개입을 막을 것을 촉구하며 고통받는 민중과 중간계층에게 농민혁명에 참여할 것을 호소했다. 격문을 품에 숨긴 농민군 첩보원과 파발마 들이 전국 곳곳으로 분주히 내

3월 봉기 기록화, 이의주, 1987년.

달렸다. 이 글에서 그들은 단지 호남의 한 지역을 해방하기 위해 봉기하지 않았음을 밝히고 있다. 동학농민혁명 초기부터 서울로 진격해 혁명적인 변화를 일으키겠다는 의지를 분명히 드러냈다.

한편, 전라감사의 보고를 받은 조정에서는 황급히 토벌군을 꾸렸다. 4월 2일 장위영 정령관(正領官)인 홍계훈을 양호초토사로 임명하고 장위영 군사와 통위영 군사, 평양 수비병인 서영 군사를 이끌고 충청도와 전라도 농민군을 진압하게 했다. 홍계훈은 지난해 보은집회에 어윤중을 따라간 가장 용맹한 장수로 알려져 있었다. 홍계훈은 대관 이학승, 이두황, 원세록 등과 함께 인천항으로 집결했다. 그들은 군함인 평원호, 창룡호와 세미 수송선인 한양호에 나누어 타고 4월 6일 오후에 군산항에

홍계훈 유서 동학농민혁명이 시작되자 고종은 홍계훈을 양호초토사로 임명하고 유서를 내려 군사권을 부여해 동학농민군을 진압하도록 했다(동학농민혁명기념재단).

도착했다. 군사는 모두 700여 명이었다.

황토현전투에서 첫 승리를 거두다

고부 봉기와 무장 봉기 소문이 삽시간에 다른 지방으로 퍼지자 먼저 전주에서 소동이 났다. 전라감사 김문현은 고부를 비롯해 관할 지역의 관아가 농민군 손에 들어갔다는 소식을 듣고 아랫도리가 개미에 물린 기분을 느꼈을 것이다. 그는 전라감영의 구실아치들을 동원해 용머리고개를 밤낮으로 지키면서 가까운 고을의 보부상과 향병을 불러모았다.

보부상의 우두머리에게 전주 주변의 보부상을 모조리 이끌고 출전하게 했으며 백정과 무부(巫夫, 무당의 지아비)까지 끌어들였다. 향병은 고을 단위로 임시로 동원한 군사였던 탓에 군율이 거의 없었다. 이들 잡색군(雜色軍)은 평소에 감사가 감독하는 조직이어서 동원하기 쉬웠다.

향병은 전라도뿐 아니라 충청도에서도 동원되었다. 부여에서 모병한 30명은 좌수가 이끌고 4월 1일 여산에 도착했으나 기일을 어겨 문책을 받았다. 그들은 행상, 부상, 도한 등이었는데, 모두 도망쳐서 관속들이 도로 잡아가는 통에 마을이 소란했고 통곡소리가 여기저기서 들렸다.

왜 감영에서는 보부상 패거리를 동원했을까? 1877년 처음 개항할 때 개항장에 도사리고 있던 일본 상인은 작은 배나 나귀에 포목, 석유, 약 등을 싣고 곳곳을 돌아다니며 쌀, 콩, 쇠가죽 등과 바꾸었다. 그 무렵 일본인 약장수가 많이 돌아다녔다. 그들은 말이 서툴고 조선 풍속도 잘 모르며 내륙의 지리에도 어두워 많은 상품을 팔 수 없었다. 그때 봇짐장수와 등짐장수인 보부상이 몰려들었다.

보부상들은 본디 왕조 시절에 정보를 수집해 관가에 보고하거나 민란을 제압하는 데 동원되는 어용상인의 부류였다. 민씨 정권은 그들을 자기네 세력으로 끌어들여 외국 무역 상품의 행상을 독점하게 했다. 그들의 관리는 감영이나 수령이 맡았으므로 결국 보부상은 관군의 끄나풀이나 다름없었다. 예전 삼남 농민 봉기와 마찬가지로 그들이 동원되어 곳곳에서 농민군 진압에 나섰다. 무장 봉기와 때를 같이해 일어난 금산 농민군도 보부상패에게 당했다. 그들의 사회적 지위는 천민에 속했지만 노비나 백정보다는 조금 나은 대우를 받았다.

이처럼 김문현은 현지 사정을 조정에 알린 뒤 전주 지역 방위군인 무남영의 군사와 보부상패 등 향병마저 동원해 고부로 보냈다. 그 수는 무남영병 700여 명과 향병 600여 명, 그리고 잡일하는 일꾼 수백 명 등이었다. 이들 향병은 군복이 아닌 흰옷을 입고 있었다.

영관 이경호가 지휘하는 군사는 갑자기 동원된 탓에 대열이 정비되지 않았다. 감영에서는 군량미조차 마련하지 않고 마구잡이로 출병했다. 그들은 백산으로 행군하면서 길가 마을로 들어가 강제로 밥을 짓게 하고 닥치는 대로 빼앗았다. 그것으로도 모자라 부녀자를 겁탈했으며 소, 돼지, 닭, 개 등을 마구 잡아먹었다. 어떤 군인은 호주머니에 약탈한 금은붙이를 가득 쑤셔넣어 뒤뚱거리며 걸었고 어떤 보부상은 얼굴이 벌게질 정도로 술에 취해 해롱거렸다. 다음 기록을 살펴보자.

선봉장 이재섭과 송봉호는 본디 전주의 이서로 인망이 있지도 않았지만 갑자기 무거운 직책을 맡아서 기율이 엄숙하지 않았다. 병사를 놓아 보내 마을을 노략질했고 심하면 부녀자를 겁탈하여 욕을 보여 지나는 곳이 소연했다. 소를 잡아 군졸을 먹일 때 먼저 저만 배부르게 먹고 곧바로 말을 몰아가서 군졸은 모두 주렸다. 따뜻한 방안과 깊숙한 장막에서 제 몸만 편안하게 하고 이슬을 맞은 군졸들은 추워서 견딜 수 없었다. 지나는 곳마다 마을 사람들을 시켜 먹을거리를 바치게 하여 백성들과 병사들이 모두 괴로워했다.

―『남유수록』

고부 두승산　두승산은 고부의 주산으로 동학농민혁명을 말없이 지켜보았다.

　4월 6일 낮, 김문현이 보낸 군사들은 동진강의 화호나루를 건너 맞은편 백산을 향해 총을 쏘기 시작했다. 백산에서 이를 지켜보던 농민군은 겁을 먹은 듯 도망치는 시늉을 하며 두 대열로 나뉘어 황토현 쪽으로 물러났다. 때마침 비가 주룩주룩 내리고 있었고 길은 질척거렸다. 이 일대의 논밭과 길은 황토가 깔려 있어서 비가 조금만 와도 걷기에 여간 불편한 것이 아니었다.

　바야흐로 작은 언덕인 황토현을 중심으로 하나의 역사를 만들어내는 전투가 시작되었다. 일단 두승산을 중심으로 관군과 농민군이 대치했다. 무남영군은 두승산 북쪽 산록을 가로질러 황토현 아래에 본진을 두었고 농민군은 동쪽 고지에 머물면서 야영할 준비를 하는 듯했다. 다시 말해 무남영군은 황토현 아래 등성이에, 농민군은 황토현 마루로 올

황토현 동학농민혁명 최초이자 최대의 승전지인 황토현은 사적 395호로 지정되어 있다.

라가 진을 쳤다. 함성을 지르면 들릴 수 있는 거리였다.

전봉준은 눈치 빠르고 날랜 농민군 수십 명을 선발해 보부상 옷차림으로 변장시켰다. 이들 특공대를 감영군 진영에 투입할 계획이었다. 농민군 진영에서는 재빨리 흰 포장을 둘러치고 얕은 토성을 만든 뒤 그 안에 짚더미를 쌓아두고 몸을 숨겼다. 또다른 농민군 한 패는 황토현 바로 아래에서 매복했다. 관군에게 농민군의 모습은 전혀 보이지 않았다. 농민군은 전투식량 격인 주먹밥도 미리 마련해두었다.

밤이 되자 안개가 자욱하게 끼어 불과 몇 미터 앞도 구분할 수 없었다. 추위를 느낀 무남영군은 소나무를 베어다가 화톳불을 피우고 횃불을 만들었다. 군영은 환하게 밝았고 연기는 자욱하게 장막을 뒤덮었다. 무남영군은 소를 잡아 술까지 곁들여 걸판지게 저녁을 먹었다. 이처럼 무남영군은 농민군을 아예 무시하는 듯했다. 그들은 농민군의 진영이 조용하자 멀리 달아났다고 생각한 것 같았다. 밤이 이슥해지자 본격적으로 술판을 벌이고 마을에서 데려온 부녀자를 희롱했다.

전봉준은 두세 명의 부하를 데리고 안개 속에서 무남영군의 진영을 정찰했다. 그는 군사들이 술에 취해 잠이 쏟아질 시간인 자정에 기습하기로 했다. 새벽이 되자 농민군은 일제히 야습을 감행했다. 무남영군 진지로 총탄이 우수수 떨어지자 방심하던 무남영군은 속수무책으로 연달아 쓰러졌다.

농민군은 황토현 위아래에서 동시에 압박하면서 도망칠 길 한쪽만 터주었다. 이때 무장의 보부상군이 무남영군에게 산 위의 농민군을 들이치자고 제안해 함께 올라왔다. 그러자 산 위에 숨어 있던 농민군 복병들이 일어나 세차게 공격을 퍼부었다. 이에 질척거리는 산마루를 올라오던 무남영군은 줄지어 쓰러졌고 도망치던 자들은 재 아래 논바닥에 처박혔다.

날이 밝고 안개가 걷히자 농민군은 흰옷을 입은 향병은 쫓지 않고 검은 옷을 입은 영병과 등에 붉은 도장을 찍은 보부상만 추격해 칼과 죽창으로 찔렀다. 도망칠 길이 막힌 군사들이 논으로 뛰어들자 농민군은 더욱 칼날의 날을 세웠다. 논물은 순식간에 피로 붉게 물들었다.

전투가 벌어지자 무남영군의 장막 안에서 납치되었던 젊은 부녀자들이 뛰쳐나와 달아났다. 막사에는 군량미 400여 석도 버려져 있었다. 농민군은 대포 1문과 소총 600자루, 그리고 많은 칼과 창을 수습했다. 일부 붙잡힌 부녀자들은 놓아주고 양곡은 주변 마을 사람들에게 나누어 주었다.

동학농민군이 관군과 처음으로 본격적인 전투를 벌인 끝에 일대 승리를 장식한 것이다. 한밤의 전투는 대략 4시간 만에 끝났다. 한 보부상의 증언을 들어보자.

4월 6일 아침, 고부를 떠나 징집을 당한 마을 사람들과 함께 고생스럽게 군량을 운반했다. 비가 온 뒤라 수레와 짐을 실은 말의 행진이 생각과 같이 되지 않았기 때문에 우리는 커다란 짐만 챙겨서 진군했다. 두승산 동쪽 장거리에서 좁은 계곡 길을 더듬으며 나아갔는데, 길은 좁았고 비탈길은 고르지 않았다. 그러나 모든 군사는 매우 원기가 왕성해 행진중에도 노래를 부르고 크게 소리를 지르는 등 와자지껄했다.

여러 번 휴식을 취하면서 걸었는데, 저녁 무렵 황토현에 도착했다. 그뒤 곧바로 짐을 풀고는 진지의 막사를 세웠으며 각기 소속 부대가 머물 작은 진지를 여러 곳에 만든 뒤 밥을 했다. 모두 배가 고파서 저녁밥을 달라고 크게 소리쳤는데, 장교 한 명과 10여 명의 군사가 마련한 쇠고기와 술을 먹고는 모든 군사가 원기를 회복했으며 술잔치를 벌이지는 않았다. 그리고 아둔한 동학 사람들은 모두 나무껍질을 먹고 계곡의 물로만 배를 채워 당장 내일은 길도 걷지 못할 것이라고 비웃었다.

이러한 유희에 빠진 전쟁은 다시는 없을 것이라고 생각되었다. 그 날 밤 처음에는 경계를 했다. 그러나 동학군의 진영이 완전히 고요하여 불빛조차 보이지 않았기 때문에 모두 안심하고 그뒤부터는 술을 마셔 취하고 노래와 춤을 추다가 깊이 잠들었는데, 나도 취하여 잠이 들었다.

-『동학당의 난』

먼저 이 전투에 참여한 과정을 말하고 이어 목격한 전투 현장을 다음과 같이 설명하고 있다.

한밤중에 적이 습격해온다는 커다란 부르짖음에 잠에서 깼는데, 이리저리 도망하는 사람, 엎어지는 사람, 울부짖는 사람, 엎드린 사람, 숨는 사람 등이 있었고 진지의 주위에는 죽은 시체가 쌓여 있었다. 2000여 명의 관군 중에 무기를 가지고 대적한 사람은 매우 적었고 나머지는 앉아서 칼을 맞거나 자다가 죽는 등 그 패배의 모습은 매우 참혹했다.

-『동학당의 난』

이 보부상은 황토현 북쪽 소나무 숲에 몸을 숨기고 있다가 가까스로 지름길을 더듬어 백산 서쪽 해안까지 갔다가 배를 타고 아산 쪽으로 도망쳐 목숨을 건졌다. 동쪽으로 도망한 사람들은 농민군의 별동대에게 습격당했고, 또 곳곳에 작은 샛강이 있어서 건널 수 없었기 때문에 피해를 더 입었다. 7일 동트기 이전까지 대부분 살해되었는데, 이 싸움에서 보부상은 약 70명에서 80명이 전사하거나 처형당했다.

이 이야기는 한 보부상이 직접 겪은 사실을 일본 언론인 기쿠치 겐조(菊池謙讓)에게 증언한 것이다. 또 이 전투 광경을 직접 목격한 전봉준의 서당 제자 박문규가 있었다. 그의 목격담은 다음과 같다.

전주 병정 몇몇 소대가 보부상 수만 명을 영솔하고 내 동네에 당도할 때 우리 동네 사람들은 식수를 대접했다. 주호(主戶, 마을의 어른)를 부르라는 군령이 엄숙하여 내 부친께서 대장소에 들렀더니 백미 300석 밥을 지으라는 명령이 내려졌다. 밥과 된장통을 져낼 때 동학군이 천태산을 넘어가니 병정들은 그 소식을 알고 바로 뒤쫓았다. 동학군이 황토현으로 올라가니 병정들은 쫓아가서 뒤 봉우리로 올라갔다. 초엿샛날 새벽이 되자 총소리가 콩 볶듯이 요란하여 나는 우리 부모님하고 동네 앞들로 피난했다. 시방은 옥토지만 신작로 옆에서부터는 반절이 갈대밭이었다. 내 동네 남녀가 다 갈대밭 속에 숨었다. 우리 부모님과 나도 거기 숨었다. 우장(雨裝, 비옷), 도롱이(짚이나 풀로 엮어 어깨에 걸치는 비옷)를 걸친 배우(이름인 듯)가 무거워서 풀썩거렸다. 초엿샛날 새벽부터 날이 새면서 소식을 들으니 전주 병정들이 패했다고 했다. 만약 병정이 이겼다면 고부는 모조리 죽었을 것이다. …… 그뒤로도 동도가 크게 일어나 면면촌

촌이 동학 포덕하기 분주했고 입도하는 사람이 발광이었다. 술과
안주를 장만하고 장을 보았다. 푸짐한 처성으로 동네 안에 모여 앉
아 13자 주문을 외기에 정신이 없었다.

—『석남역사』

무남영군의 진군 모습, 전투 날짜 등은 사실과 거의 들어맞는다. 서
툰 문장이지만 어린아이의 눈으로 본 장면을 매우 사실적으로 전달하
고 있다. 이것이 당시 현장의 유일한 목격담이다. 참고로 박문규는 그뒤
사정도 곁들여 설명하고 있다.

박문규는 만약 농민군이 패전했다면 동네 사람들은 모조리 죽었을
지도 모른다고 썼다. 또 황토현 승리 이후 지역사회에 동학이 크게 일어
났음을 증언했다. 동학농민군이 황토현에서 관군과 처음 전면전을 벌여
승리했으므로 그 의미는 매우 컸다. 무남영군은 그뒤 재기하지 못할 정
도로 사기가 꺾였다.

더욱이 전봉준 부대가 흰옷을 입은 향병을 공격하지 않은 것은 생사
를 가르는 전투 현장에서 향병에게 동류의식을 분명히 보여주었다는 뜻
이다. 강제로 동원된 향병의 처지를 알아준 것이었다. 농민군의 세력을
확대해 광범위한 기층 민중을 끌어들이려는 전략으로 볼 수도 있다.

한편, 군산에 상륙한 홍계훈의 중앙군은 임피에서 야영하다 이날 전
보로 황토현 패전 소식을 듣고는 실색하고 당황했다. 이들 관군도 벌써
겁을 먹고 있었다. 전투를 치르기에 앞서 사기가 떨어진 것이다. 그들이

옥구를 거쳐 전주로 오는 도중에 도망가는 자가 꼬리를 이어서 전주에 이르렀을 때 정원 700여 명은 470여 명으로 줄어 있었다. 관군들은 농민군이 요술을 부려 전투마다 승리한다는 소문을 듣자 겁을 집어먹고 달아났다. 관군은 다음날 오후 늦게 전주에 도착했다. 조정에서는 뒤늦게 서울 수비병인 경리청 군사, 강화도 수비병인 심영 군사, 청주 수비병인 진남영 군사를 더 보내기로 했다. 지금부터 이들 군사를 편의상 뭉뚱그려 관군이라 부르기로 한다.

남쪽으로 돌린 농민군 깃발

황토현전투를 승리로 이끈 뒤 농민군은 무슨 이유인지 동진강의 화호나루를 건너 김제로 나아가 전주로 곧바로 올라가지 않고 정읍 쪽으로 깃발을 돌렸다. 뭔가 전술에 따라 움직이고 있었던 것으로 보인다.

농민군의 행군 모습은 장엄했다. 그들은 행군할 때 '삼삼오오' 짝을 지었다. 거리를 행진하거나 밥을 먹거나 잠을 잘 때도 셋 또는 다섯으로 짝을 지어 행동했다. 농민군은 일제히 입으로는 주문을 외고 등에는 '궁을(弓乙, 弱의 파자)' 두 글자를 적은 부적을 붙였다.

농민군은 행군하면서 논밭에 자라는 보리나 곡식을 밟지 않았으며 노인이나 어린아이가 무거운 짐을 지고 가면 도와주었다. 또 마을에 들어가 밥을 얻어먹더라도 우격다짐하지 않고 부드러운 말로 부탁했으며 닭, 돼지, 개 등 남의 가축은 잡아먹지 않았다. 노인과 부녀자에게는 깍

듯이 대했다. 그리하여 고을민들은 농민군의 대오를 보면 박수를 치며 반겼고 농민군이 마을에 들어오면 주먹밥을 만들어 먹이기도 했다. 일본 기자는 다음과 같은 기사를 신문에 실었다.

> 동학당은 술과 여자를 탐하지 않고 담배를 피우지 않는 등의 규율이 있고 당원들은 그것을 잘 지켜 조금도 농민을 해치는 일이 없었다. 왜 농민군으로 참여했냐고 묻는 자가 있으면 조정의 잘못된 정치를 고치고 조선에 있는 외국인을 추방하여 국민의 만복을 도모한다고 했다. 그리고 그들이 약속한 말은 항상 실현되었다. 일찍이 고부에서 전주로 진격할 때 구경꾼이 산을 이루어 논밭 길들이 다 밟혀 엉망이 되는 것을 보고 단지 농작물을 망치는 것을 경계하여 공포를 쏘아 논밭에서 물러나게 한 것도 그 한 예다. 그들이 마을에 들어올 때는 잡다한 물건이라 할지라도 그에 상응하는 현금을 주고 사서 상업 속으로도 약간의 이익을 주었다. 그래서 위해를 당할 걱정이 없어서 어리석은 백성들 사이에서는 자못 평판이 좋았다.
>
> ─『도쿄니치니치신문』

이 기사는 결코 과장이 아니었다. 일본 기자들은 곳곳에서 취재하면서 농민군에게 호의적인 기사를 썼다. 농민군의 군율인 "불살인 불살물"의 행동 강령을 지키는 모습을 엿볼 수 있다. 『손자병법』에서 "전쟁에서 이기는 첫째 전술은 민심을 얻는 것이다"라고 이르지 않던가.

이때 양호초토사 홍계훈의 행동은 어떠했을까? 홍계훈은 황토현전투가 끝난 뒤 전주에 도착했다. 전주에 거주하는 일본인 이토 리사부로(伊藤利三郎)는 경군이 입성하는 모습을 보고 일본공사관에 보고했다. 이를 요약하면 다음과 같다.

초토사 옆에 청나라 해군 사관 같은 사람은 양복감으로 지은 제복을 입고 금줄 하나가 표시된 소매 휘장을 달았다. 나머지 평복을 입은 자는 12명쯤 되었다. 그 사흘 뒤에 진북정에서 조련하는 것을 보았다. 여기에 감사, 초토사와 함께 청나라 사람 세 명이 참석했다. 모두 붉은 배낭에 넣은 장도와 양창을 지니고 있었고 세 명의 귀빈은 17연발의 신식 총을 지니고 조련 연습을 끝낸 뒤 자랑하듯이 총을 발사했다. 이때 감사도 총을 시험 발사했다. 조련 연습을 마치자 감사는 연무당에서 연회를 베풀고 초토사와 청나라 빈객을 향응했는데, 성대한 술판을 벌여 기생 몇 명을 앉혀놓고는 구경꾼 눈앞에서 음악을 연주하면서 크게 쾌락을 즐겼다. 이를 본 사람들이 불쾌하여 눈살을 찌푸렸다.

— 『주한일본공사관기록(駐韓日本公使館記錄)』

장교들이 이처럼 질탕하게 놀이판을 벌이는 한편, 군졸들은 날마다 하루 두 끼 밥값과 점심 대신 마시는 막걸릿값을 받아 낮에는 술에 취해 건들거렸다. 이는 점심을 막걸리로 때웠다는 말이었다. 이런 모습을 본 고을민들은 혀를 차면서 오히려 반감을 갖게 되었다.

이처럼 홍계훈은 전주에서 머뭇거리면서 농민군 토벌에 나서지 않았다. 그는 엉뚱하게도 다른 일에 몰두했다. 전라감영의 영장 김시풍은 김개남의 집안으로 전봉준과 친구 사이였다. 홍계훈은 김시풍을 잡아들여 묶어놓고는 전봉준과 내통한 사실을 캐물었다. 이에 김시풍은 힘을 써서 묶은 줄을 끊어버리고 임금과 민씨 정권의 비정을 질타했다. 그러자 홍계훈은 그를 현장에서 칼로 베어 죽였다. 게다가 김시풍의 두 아들마저 잡아들였다. 군교인 정석희를 잡아와 말목장터에서 전봉준에게 뇌물을 받고 관군을 물린 사실을 캐묻고는 또 죽였다. 이로 인해 감영에 있던 군사들은 홍계훈에게 심한 반감을 보였다.

홍계훈은 자신이 거느린 군사나 조정의 병력으로는 농민군을 막을 수 없다고 판단하고 민영준 등 조정 요로의 인사에게 청나라에 원병을 요청할 것을 거듭 건의했다. 민영준은 고종에게 현지 사정의 어려움을 고하고 청나라에 지원병을 요청하자고 건의했다. 이에 임금은 대신들을 모아 회의를 열었으나 대신들은 떨떠름하게 여겨 반대했다. 그 이유는 '첫째, 나라의 근본은 백성인데, 이는 몇만 명의 목숨을 죽이는 일이요 둘째, 외국 군대가 일단 들어오면 폐단이 미치지 않는 데가 없고 인심이 흔들릴 것이며 셋째, 외국 군대가 국내에 들어오면 각국의 군사가 출병해 자기 나라 공사관을 지킬 것이니 그로 인해 분쟁이 생길 것'이기 때문이었다. 조정의 썩은 권귀들조차 이때만큼은 바른 소리를 했다.

민영준은 농민군이 자신들을 몰아내려 한다는 사실을 누구보다 잘 알고 있었기에 청나라 원병을 위안스카이와 여러 차례 논의했다. 4월 30일 밤 황급히 대신 회의를 열어 원병 요청을 결정하고 그 뜻을 위안스카이에게 공식적으로 전달했다. 위안스카이는 속으로는 일방적으로 파병을 강행할 생각도 있었으나 짐짓 어려운 척 거만한 태도로 이를 받아들였다.

정읍 언저리에 진출한 농민군은 연지원 모천강 변에 모여 대열을 정비한 뒤 밤늦게 정읍 읍내로 들어갔다. 이어 고창, 무장, 영광으로 진출하면서 차례로 관아를 점령했다. 전봉준은 그동안 하던 대로 죄인을 풀어주고 무기를 수습하고 양곡을 확보했다. 때로는 농민의 표적이 된 악질의 아전 무리와 위세를 부린 토호를 혼내주기도 했다. 농민군은 왜 그동안 사발통문을 통해 약속한 대로 전주로 진격해 서울로 곧바로 올라가지 않고 우회해 남쪽으로만 진군의 방향을 틀고 있었던 것일까? 여기에도 전봉준의 전술이 숨겨져 있었다.

홍계훈이 이끈 관군은 전주에서 마지못해 출발해 농민군이 지나간 지역을 뒤따라 내려오면서 농민군의 꽁무니만 밟고 있었다. 농민군은 일부러 멀찍이 따라오는 관군이 무서울 리 없었다. 전봉준은 한껏 여유를 부리며 고을마다 농민군을 더욱 규합하고 진용을 크게 펼쳐 위세를 떨쳤다. 농민군은 고창관아의 수성군을 몰아내고 호산봉(狐山峰, 여시뫼)을 점령해 군사 훈련장으로 이용하기도 했다. 고창읍성인 모양성을 점령한 농민군은 대정현감을 지낸 토호 은수룡의 집에 불을 지르고 무장 등지의 악질 구실아치를 징치했다.

고창읍성 동학농민군은 고창읍성인 모양성을 점령했다.

농민군이 영광으로 들이닥치자 영광군수 민영수는 법성포에서 세미를 나르는 조운선을 타고 칠산 앞바다를 거쳐 서울로 허겁지겁 줄행랑쳤다. 그는 민씨 패거리여서 도망치지 않았다면 목숨이 위태로웠을 것이다. 이때 농민군은 5리마다 복병을 두고 30리마다 2500명씩 군사를 배치해 기습에 철저히 대비했다. 또한 농민군 지도부는 다시 농민군의 규율을 단속하는 두 종류의 행동 준칙을 내렸다. 내용은 다음과 같다.

적과 맞설 때 지킬 약속 네 가지

1. 매양 적과 맞설 때 병사는 칼에 피를 묻히지 않고 이기는 것을 첫째의 공으로 삼는다.

2. 어쩔 수 없이 전투를 벌이더라도 일체 인명을 손상하지 않는 것을 귀중히 여긴다.

3. 매양 행진해 마을을 지나갈 때 일체 사람들의 재물을 해치지 않는다.

4. 효제충신(孝悌忠信)한 사람이 사는 마을 10리 안에는 머물지 않는다.

군사를 경계하는 호령(號令) 12조

1. 항복한 이는 받아들여 대우해준다.

2. 곤경에 처해 있는 이는 구제해준다.

3. 탐욕스럽고 모진 벼슬아치는 쫓아낸다.

4. 공순하게 대해주는 이에게는 공경하게 심복한다.

5. 달아나는 이는 추격하지 않는다.

6. 주린 이에게는 음식을 먹인다.

7. 간활한 이는 그 짓을 못 하게 막는다.

8. 가난한 이는 도움을 준다.

9. 충성스럽지 않은 이는 제거한다.

10. 거슬리는 이는 일깨워 타이른다.

11. 병약한 이에게는 약을 준다.

12. 부모에게 불효한 이는 죽인다.

위의 조항은 우리가 일을 거행하는 근본이다. 만약 이 명령을 어기는 이가 있으면 지옥(地獄)에 가둘 것이다.

이와 같은 농민군의 행동 준칙은 인명을 존중하고, 가난하고 약한 사람을 돕고, 탐관오리를 처단하고, 착한 이를 배려하는 가치를 담고 있다. 농민군 지도부는 이처럼 조직의 기강을 철저히 다스리고자 노력했다.

농민군은 영광에서 4일 동안 머문 뒤 4월 16일 함평으로 진출했다. 황현의 기록에 따르면 이때 농민군의 행군 모습은 이러했다. 건장한 장정이 열네댓 살 난 사내아이를 목말을 태우고 대열 맨 앞에 섰다. 아이의 손에 들린 남색의 대장기가 펄럭였다. 그뒤를 농민군 대열이 따랐다.

그다음 날라리를 부는 자를 필두로 인(仁)과 의(義)를 쓴 기 한 쌍, 예(禮)와 지(智)를 쓴 기 한 쌍, 백기 두 쌍, 황기가 차례로 따랐다. 이때 각기 다른 구호를 썼고 나머지 여러 기마다 고을 이름을 표시했다. 그다음으로는 갑주(甲冑)를 쓰고 말을 타고 칼춤을 추는 자, 칼을 쥐고 걸어가는 자 네댓 쌍, 붉은옷을 입고 나팔을 부는 두 사람, 호적(胡笛)을 부는 두 사람이 뒤를 이었다. 맨 끝에는 한 사람이 고깔 모양의 모자를 쓰고, 우산을 들고, 도복(道服)을 입고, 나귀를 타고 진군했는데, 그 사람 주위에는 여섯 명이 통이 좁은 옷에 같은 모습으로 호위하고 있었다. 나귀를 탄 사람이 바로 전봉준이었을 것이다.

두 줄로 길게 늘어선 1만여 명의 총잡이는 머리에 수건을 질끈 동여맸는데, 다섯 가지 색을 표시해 나타냈다. 그러나 그 색이 직책이나 지역의 구분인지는 알 수 없다. 총잡이 뒤에는 죽창을 든 사람들이 따랐는데, 꺾어지고 돌아서는 등 전투태세의 보무(步武, 군대식 걸음)로 행진했다. 그들은 모두 맨 앞에 선 아이가 치켜든 대장기의 지휘에 따라 일사

불란하게 움직였다(『오하기문』 갑오년).

들판에서 일하던 농부들은 형형색색의 깃발 행렬을 반기며 어깨춤을 추었다. 밭매던 농군은 호미를 내던지고 대열에 뛰어들었고 산에서 나무하던 나무꾼은 낫을 내던지고 달려왔다. 어떤 이는 결연한 의지를 다지려 자기 집에 불을 지르고 농민군에 합류했으며, 어떤 이는 부모처자에게 마지막 이별 인사를 하고 떠나기도 했다. 단지 굶어죽지 않고 밥을 얻어먹고자 남부여대(男負女戴, 남자는 지고 여자는 인다)하고 농민군에 따라붙은 가족도 있었다.

농민군이 난잡하게 늘어나면 오합지졸이 될 위험이 있었다. 그들의 대열을 정연하게 구분지을 필요가 있었다. 그래서 감시하는 군사를 배치해 연로에서 함부로 끼어들지 못하게 막기도 했다. 전봉준은 일곱 살 된 신동과 열네 살 된 신동을 데리고 다니며 아침이면 골방에서 무엇을 일러주고 낮에는 어김없이 새 진형을 보여주었다 한다. 농민군에게 신통력을 보여주어 사기를 진작시키려는 의도였을 것이다.

황룡강 가의 기지 넘치는 승리

4월 18일 함평에 있던 농민군 7, 8000여 명이 무안 접경을 넘어가 하루를 자고 이튿날 나주 쪽으로 향했다. 무슨 약속이 있었겠으나 농민군은 나주로 곧바로 가지 않고 다시 함평으로 돌아왔고 함평의 농민군은 4월 19일 자신들을 진압하러 뒤따라오는 초토사에게 글을 보냈다. 그 내용은 대략 다음과 같다.

> 방백(方伯)과 수령이 선왕(先王)의 법으로 선왕의 백성을 다스리지 않고 탐학만 일삼아 삼정을 문란하게 하고, 전운사와 균전관이 농간을 부리고, 여러 관사(官司)의 구실아치와 하인이 끝간 데 없이 토색질을 하여 백성들이 살아날 길이 없어 수령과 감사에게 호소해보았다. 하지만 도둑의 무리라고 지목하여 군사로 죽이기만 하니 어쩔 수 없어 오늘의 일을 벌이게 되었고, 무기를 든 것도 자신들의 몸을 지키기 위해서라고 했다. 이어 전국의 백성들이 서로 논의하여 위로는 국태공(國太公, 흥선대원군)을 받들어 나라를 돌보게 하여 부자의 인륜과 군신의 의리를 온전히 하고 아래로는 백성을 편안하게 하여 종묘사직을 보전하자.

이 글 가운데 다음과 같은 여덟 개 조항의 민막(民瘼)이 제시되어 있다. 이를 요약하면 나라에서 거두는 조세는 법에 정해진 대로 할 것, 환곡의 폐단, 족징·인징, 구실아치와 하인의 토색질을 바로잡을 것 등이었다. 이는 대체로 뒷날 전주에서 초토사에게 제시한 조항들이었다. 그런데 앞의 내용에 국태공 이하응으로 하여금 "나라를 돌보게 하라"는 요구가 주목을 끈다. 당시 민씨 정권의 농간에 쫓겨난 흥선대원군의 인기는 매우 높았다. 이는 민심을 읽은 농민군 지도자들이 합의해 내건 것으로 보인다. 이와 관련된 야사 몇 가지를 살펴보자.

먼저 전봉준이 어느 때에 운현궁으로 이하응을 찾아갔다. 전봉준은 그곳에 며칠 묵으면서 아무런 말도 하지 않았다. 이하응이 무슨 부탁이 있냐고 물어보아도 아무 대답이 없었다. 그러자 이하응이 눈치채고 빙그레 웃으면서 손바닥에 '강 강(江)' 자를 써 보였다. 전봉준은 이를 바라보다 자리를 털고 일어났다. 이 강은 한강을 뜻하며 농민군이 한강까지 올라오면 돕겠다는 뜻이라고 풀이했다.

또하나는 이하응이 운현궁에 거처하면서 몸을 보호하려고 큰 사랑방이 아닌 작은 침방에 몸을 숨기고 있었다. 어느 날 밤 장명등이 환하게 밝혀 있었는데, 몸집이 큰 소년이 장검을 들고 층계를 따라 내려왔다가 사로잡혔다. 호위꾼들이 칼을 옆구리에 겨누고 신문하자 소년은 "전라도 해남에 사는데, 운현궁에 구경하러 들어왔다"라고만 말한 뒤 다른 말은 죽어도 할 수 없다며 버텼다. 이하응이 뒷전에서 그 모습을 바라보다 내보내라고 일렀다. 소년은 곧바로 좌포도청에 잡혀 감옥에 갇혔다. 민씨 일파는 그날 밤에 그 소년을 죽였다(윤효정, 『한말비사(韓末秘史)』). 실은 소년은 전봉준이 보낸 심부름꾼이라는 소문이 퍼졌다. 이처럼 전봉준과 이하응이 내통했다는 이야기가 많이 나돌았다.

이 진군과정에서 농민군 한 무리는 법성포로 달려가 항구에 정박중이던 한양호로 들이닥쳤다. 법성포에는 전라우도 27개 고을의 세미를 보관하는 조운창이 있었다. 주력 농민군이 영광에 머물고 있을 때 한양호가 장위영병을 군산항에 내려준 뒤 세곡을 실어가기 위해 법성포에 입항했던 것이다.

농민군 60여 명이 화승총, 창검, 죽창 등을 들고 한양호에 뛰어올라 갑판을 부수고, 곁꾼을 두들겨패고, 인천 전운국(轉運局, 세미 운송을 관장하던 관청)의 일을 보는 김덕용과 군산 전운국의 강인철, 일본인 선장과 기관수, 조타수 등을 새끼줄로 동여매서 끌고 다니며 욕을 보이고 돈을 빼앗았다. 이어 농민군은 법성포의 객주와 여각도 습격했다. 이곳 객주와 여각 주인은 일본 상인과 거래하며 일본제 옷감인 금건(金巾)과 석유 등을 비싸게 팔고 쌀은 헐값에 사서 실어나르는 중간 상인이었다.

1876년 강화도조약으로 개항한 이래 일본은 부산, 인천, 원산에서 무역을 했다. 조선에서는 개항장에 이사청(理事廳)을 두어 관리했다. 호남 지방은 인천 이사청의 관할 아래에 있었다. 전운영 소속의 수송선들은 거두어놓은 조창의 세미를 개항장으로 실어나르기도 했지만 때때로 눈치를 보며 '배떼기'로 일본 상인에게 팔아먹었다.

한편, 민영준은 1894년 5월 원산 방면의 화물 수송을 위해 서울의 친군경리청 소속으로 일본 기선 두 척을 사들여 경리회사(經理會社)를 세웠다. 경리사 직책을 맡던 자신은 사장, 외무독판인 조병식은 부사장이 되었다. 기선을 부리는 선장과 기사 등에는 일본 또는 청나라 사람을 고용했다. 이 기선들이 수송비를 챙기는 것은 물론 세미도 마구 빼돌렸다(김경태 편, 『통상휘찬(通商彙纂)』).

또 영광에 주둔하던 농민군 일부는 4월 18일 무안으로 진격해 하룻밤을 묵었다. 농민군은 세 부대로 나뉘어 각각 영광, 무안, 함평에 주둔하면서 때로 합세하기도 했다. 농민군이 함평에 주둔하던 4월 18일 나주관아에 통문을 보내 자신들이 봉기한 목적을 밝히고 옥에 갇힌 동학 교도들의 석방을 요구했다. 나주목사 민종렬은 먼저 농민군 19명을 체포한 뒤 수성 장졸을 끌고 나가 나주 읍내 언저리인 승안리에 모여 있던 농민군 수천 명을 공격해 27명의 농민군을 생포했다. 이 일로 크게 분노한 농민군은 곧 나주를 공격할 태세였다.

하지만 농민군이 나주를 공격하지 않은 이유는 나주의 방비가 워낙 튼튼해 쉽게 무너지지 않으리라고 여겼기 때문이다. 나주 점령을 실패한다면 전주 점령에 큰 차질을 빚게 될 터였다. 그래서 전봉준은 여러 고을의 군사를 집으로 돌려보내고 도인을 풀어주면 나주 고을에는 들어가지 않겠다고 나주관아에 통고했다. 농민군은 더는 남하하지 않았다. 마침내 함평 일대에서 닷새나 머물던 농민군은 첩보로 경군이 뒤따라온다는 소식을 듣고 4월 21일 오후 2시 무렵에 장성 쪽으로 이동했다.

한편, 홍계훈은 그 무렵 한가하게 정읍에 머물면서 선발대만 행군하게 했다. 마침 농민군은 황룡강 가 월평 장터에서 늦은 점심을 먹고 있었다. 이때 홍계훈이 보낸 장위영군이 농민군을 뒤따라 몰려왔다. 대관 이학승은 군사 300명과 향병을 거느리고 추격해왔다. 관군들은 강 건너 흰옷을 입은 농민군을 보고 다짜고짜 대포를 쏘았다. 이 포격에 농민군 40여 명이 한꺼번에 쓰러졌다.

당황한 농민군은 뒷산인 삼봉으로 올라가 삽시간에 학형(鶴型, 학 날개 모양의 진형)의 대오를 갖추었다. 적들이 학의 날개 안으로 들어오면 날개를 접어 포위하는 작전이었다. 아직 봄이어서 산비탈에는 신록이

황룡전투지 동학농민군은 장성 황룡에서 경군과의 전투에서 승리했다.

자랄 뿐 숲은 성겼고 황룡강의 물도 허벅지 깊이로 얕았다. 농민군은 전
투태세를 취하면서 주변에서 대나무를 베어와 장태 수십 개를 만들었
다. 황룡강 언저리 곳곳에 대나무밭이 널려 있었다. 농민군은 장태를 굴
려 내려오면서 돌격전을 펼쳤다.

황현의 설명에 따르면 장태는 대나무로 타원형의 큰 닭장 모양을 만
든 다음 겉에 창과 칼날을 꽂아 벌집과 같게 만들고 아래에는 쌍으로
바퀴를 달아 뒤에서 밀어 적에게 접근하는 일종의 장갑차 역할이었다.
관군이 쏘는 총알과 화살이 모조리 장태에 맞는 방패막이가 되었다. 농
민군은 장태 뒤에서 총을 쏘았다.

전봉준은 농민군 등에 부적을 붙인 뒤 옷깃을 입에 물고 머리를 숙
인 채 장태를 굴리면서 앞이나 옆을 보지 말고 돌격하라고 지시했다. 그
러면 적의 총탄을 피할 수 있을 것이라고 일렀다. 주술적인 방법을 빌려

〈황룡강전투, 장태를 몰다〉, 박홍규.

용맹을 북돋움과 동시에 두려움 없이 접근전을 펼치게 한 것이다.

그리하여 농민군은 장태 뒤에서 총을 쏘면서, 또 장태를 굴리면서 진격했다. 농민군은 장태를 앞세워 강물을 건너고 신호 마을 언덕을 넘나들며 30여 리나 돌격해왔다. 앞장선 향병들이 도망치자 장위영 군사들도 따라 도망쳤다. 농민군은 달아나던 지휘관 이학승을 칼로 쳐 죽였다.

홍계훈은 겨우 관군 여섯 명이 죽었다고 보고했고 황현은 관군 일곱 명이 죽었다고 기록했다. 하지만 실제로는 장위영 대관 이학승 등 병사와 향병을 합해 100여 명이 죽었고 농민군은 모두 50명에서 100명이 희생된 것으로 추산된다. 농민군은 대포 2문과 양총 100여 정을 노획하는 전과를 올렸다. 이 전투의 승리 요인에는 농민군의 높은 사기도 있었지만 그들이 발명한 장태와 이를 잘 활용한 전술 운용이 컸을 것이다.

이후에도 농민군은 들판지대의 전투에서는 곧잘 장태를 이용해 근접전을 펼쳤다.

이때 관군의 대포에서 물이 쏟아졌다는 이상한 소문이 돌았다. 농민군이 신통력으로 대포를 무용지물로 만들었다는 둥, 고을 민들이 관군 몰래 대포에 물을 부었다는 둥, 농민군

장성 황룡 전적비 장태를 활용한 전술을 써서 장성 황룡전투에서 승리를 거두었다.

대장들은 총을 맞아도 죽지 않는다는 둥 이런저런 소문이 왁자하게 퍼졌다.

전봉준은 일찍이 자신의 부하에게 말하기를 "내게는 신령스러운 부적이 있어 몸을 보호해준다. 대포 연기 자욱한 곳이나 빗발같이 쏟아지는 총탄 속에서도 다치지 않는다. 너희들 보아라"라고 했다. 그러고는 탄환 수십 개를 소매 속에 숨겨둔 채 입이 무거운 부하 10여 명에게 자신을 에워싸고 총알 없는 빈총을 쏘게 했다. 전봉준이 짐짓 몸을 일으키며 소매를 툴툴 터니 탄환이 땅에 어지럽게 떨어졌다. 이를 보고 놀란 무리는 장군이 신령스러운 사람이라 말했다 한다. 그뒤 농민군은 그 부적을 다투어 옷에 붙이고 총탄을 두려워하지 않았다 한다.

또 전봉준은 어느 날 밤 총잡이와 짜고 미리 손아귀에 총탄을 숨기고 있다가 총수가 헛방을 쏘면 잽싸게 총알을 잡는 시늉을 하고 손을 펴 총알을 보였다 한다. 어둠 속에서 이를 목격한 농민군은 "우리 대장만 따라다니면 어떤 양총을 맞아도 죽지 않는다"라고 떠들었다. 이 수법을 다른 농민군 대장들도 활용했다. 섬진강 일대에서 활동한 김인배도 이런 수법을 쓴 적이 있다. 이에 농민군은 대장의 신통력을 더욱 믿고 용기를 얻었다(이이화, 『전봉준, 혁명의 기록』).

앞서 소개한 장태에 대해서는 그 발명자에 대한 흥미로운 증언이 전해진다. 장성 접주 이춘영은 장성 황룡면 옥정리에 살았는데, 광산군 임곡면 가정리의 부호 송영직과는 친구 사이였다. 송영직의 집 후원에는 굵은 대나무가 무성하게 자랐다. 송영직은 이춘영의 부탁을 받고 송죽 450본을 소달구지에 실어 월평 장터로 보내 장태 200여 개를 만들었다. 장태 높이는 5척, 길이는 12척이었다. 그리하여 이춘영의 별명이 '이장태'가 되었다 한다(이춘영의 아들 이규익의 증언).

이 장태는 농촌에서 흔히 닭을 가두어두던 닭장을 변형해 만든 것이다. 백산에서부터 농민군 지도자로 참여한 장흥 접주 이방언도 장성황룡전투에 참여한 것으로 보이는데, 그가 이 장태를 만들어 '이장태'라는 별명을 얻었다는 주장도 있다. 또 담양에는 이장태 접주가 집강소 기간에 활동했다. 이 담양 이장태와 이춘영은 동일 인물로 보인다.

이렇게 농민군은 장성 황룡강에서 대포를 끌고 온 중앙군을 상대로 두번째 승리를 거두었다. 이때 다시 한번 가슴이 철렁 내려앉았을 홍계훈이 장성 황룡전투의 패전 소식을 듣고도 군사를 급히 전주성으로 돌리지 않은 까닭은 무엇일까? 전주성이 농민군 손에 들어간다면 누가 가장 낭패를 볼지 알 만하지 않은가? 전술적으로 판단해도 이 처사는 이해되지 않는다.

사기가 오를 대로 오른 농민군은 대오를 정비한 뒤 나팔소리를 크게 울리며 갈재를 넘어 원평으로 내달렸다. 4월 25일 농민군은 원평 장터에 이르렀다. 원평은 지난해 대대적인 집회를 연 곳이 아닌가? 원평에 임시로 꾸린 대장소는 다른 어느 곳보다도 고을민의 열렬한 환영을 받았고 사람들이 몰려들어 활기가 더욱 넘쳤다.

전봉준이 원평에 주둔할 때 홍계훈이 보낸 이효응과 배은환은 임금의 편지를 들고 대장소로 찾아왔다. 또 이주호는 하인 두 명을 데리고 내탕금(內帑金) 1만 냥을 들고 왔다. 전봉준은 임금의 편지를 읽어보지도 않고 내탕금만 빼앗았다. 전봉준은 원평 장터에서 군중을 모아놓고 그들의 목을 베어 죽이고 시체는 마을 뒤에 버렸다. 그들이 지니던 증명서와 문서도 함께 시신 위에 버렸다. 모두 다섯 명이었다.

전봉준은 사람을 함부로 죽이지 않았지만 그들을 죽인 이유는 어떤 회유에도 굴하지 않겠다는 강렬한 의지를 보이려는 의도였을 것이다. 이제 무남영군과 중앙군을 격파하고 임금이 보낸 사자를 죽이고 내탕금마저 빼앗았으니 영락없는 역적의 무리가 되었다. 이제 '반역의 무리'는 원평을 점거하고 호남의 심장부인 전주를 노렸다. 농민군은 원평 들판을 가로질러 전주를 향해 발걸음을 재촉했다.

전주 풍남문 동학농민군은 전주 남문인 풍남문을 통해 전주성에 무혈 입성했다.

농민군이 전주로 행군할 때 남녀노소가 구름처럼 몰려와 환호의 박수를 보냈다. 술동이를 들고 마중나온 이도 있었고, 주먹밥을 소쿠리에 담아 돌리는 아낙네도 있었으며, 처자·친척과 작별하고 농민군에 자원하는 젊은이도 있었다. 그 무렵 농민군 수는 더욱 늘어나 수만 명을 헤아렸다. 그들을 먹이는 일만 해도 예삿일이 아니었을 것이다.

4월 27일 새벽 농민군은 전주 입구인 용머리고개를 숨가쁘게 올랐다. 전라감영 군사들은 모두 도망치고 없었다. 농민군은 여명의 공기를 뚫고 어렴풋이 다가오는 풍남문을 바라보며 무슨 생각을 했을까? 문지기의 눈치를 살피며 몸을 도사리고 드나들던 그 문으로 오늘은 위풍당당하게 들어갔다. 그날 전주성 안은 너무나 평온했다.

당시 일본의 첩보는 놀라울 정도로 정확했다. 전주성에 입성한 농민군의 규율에 대해 일본 신문은 다음과 같이 전했다. 농민군의 동정을 두번째로 전달한 보도였다. 일본 첩자들이 농민군을 따라다니며 수집한 정보를 받아썼을 것이다.

그들의 엄격한 규율은 실로 놀랍다. 만약 한 명의 군사라도 양민의 재산을 탐내고 부녀자를 겁탈하는 따위의 일이 있다면 모조리 붙잡아 여러 병사의 면전에 끌어다놓고 죄를 열거하고 그 자리에서 목을 자름으로써 전체 군사를 징계한다고 한다. 이로써 대오는 항상 단정했고 우두머리의 지시에 따름이 마치 팔이 손가락을 시키는 것 같았다. 조금 과장되었는지는 몰라도 전체의 형세가 이와 같았기 때문에 지방 백성들이 갖는 느낌은 달과 자라[月鼈], 구름과 진흙[雲泥]의 차이와 같아 비교될 수 없었다. 관군에 대해서는 뱀을 보는 것과 같이 꺼리고 동학당에 대해서는 스승을 만난 듯이 좋아하니 그 현격함이 실로 컸다. 또 관군이 엄하게 명령을 내려 군량을 징수하고자 해도 감히 응하지 않는다. 그런데 동학군 쪽에서는 거두지 않아도, 얻고 구하지 않아도 들어온다. 그런 탓으로 오히려 형세가 일변하여 동학군이 마침내 결단을 내리고 관군에 항거한다면 오늘날 원망을 품고 있는 농민들이 홀연 호미를 끌고 동학군에 호응하게 될지도 모른다.

ㅡ『고쿠민신문(國民新聞)』

기사는 농민군과 관군의 행동을 대비해 처지가 달랐음을 말했으며 민심이 누구 편인지 잘 알려주었다. 그들이 흔히 쓰던 과장법으로 "달과 자라, 구름과 진흙"을 언급하며 그 차이를 설명했다. 끝으로 농민군이 병기와 군량을 약탈한 일을 사실이라고 전제하되, 모두 관아나 악질 세도가의 것이라고 덧붙였다.

마침내 전주성을 점령하다

4월 27일 아침 용머리고개, 농민군은 일자진(一字陣, 일렬종대의 진법)의 외줄 행렬을 갖추고 총과 죽창을 흔들고 함성을 지르면서 전주성 서문으로 몰려들었다. 육중한 성문은 굳게 닫혀 있었지만 지키던 군사들은 보이지 않았다. 문밖에서 농민군이 잠시 숨을 고르자 이내 서문이 열렸다. 햇볕이 따뜻하게 내리쬐는 초여름의 화창한 아침이었다. 이날은 서문 장날이어서 날이 밝아오자 장꾼들이 하나둘 꼬였다. 농민군측에서는 수백 명이 장꾼으로 변장해 성안으로 들어갔다. 원평에서 수만 군중이 모여 기세를 올린 뒤로 1년 조금 넘게, 고부를 휘젓고 다닌 뒤로는 넉 달 조금 못 되게, 무장과 백산의 봉기로 따지면 한 달 조금 넘은 지금 조선의 나라 살림을 거의 반절이나 부담하는 호남 제1성을 무혈점령한 것이다. 그들로서는 어찌 감격스럽지 않겠는가.

전라감사 김문현을 비롯해 모든 벼슬아치는 도망쳤으나 남아 있던 이속(吏屬)과 사령은 눈치를 살피다 문을 활짝 열어주었다. 농민군은 승

전주 입성 기념비 농민군은 황토현전투와 황룡전투에서 승리한 뒤 조선왕조 시조의 본향이자 호남의 수부인 전주성을 무혈 입성했다.

리감에 도취되어 처음에는 도망치지 못한 악질 구실아치와 횡포를 부린 부호를 찾아내 살해하거나 폭행했다. 한편, 그동안 전주관아에서 궂은 심부름을 하던 관노와 사령 들은 춤을 추며 농민군을 구석구석 안내했다. 그들도 쌓인 원한이 오죽 많았겠는가. 이에 전주 출신 접주 서영두는 이런 보복행위를 막기 위해 온 힘을 기울였다.

전봉준과 지도부는 텅 빈 선화당으로 거침없이 들어가 점령하고 대장소로 썼다. 전봉준은 감사가 앉던 자리에 앉아 호령했다. 그의 쩌렁쩌렁한 목소리가 선화당 안팎에 울렸다. 신이 난 농민군은 모든 관아 건물을 접수하고 남은 무기와 양곡을 거두었으며 억울하게 갇힌 죄수들을 풀어주었다. 또한 전봉준은 일부 농민군과 관노 사령들이 양반과 부호의 집을 습격해 약탈하고 방화하거나 관물을 훔치는 일을 엄히 단속했다. 이처럼 폭력을 금하고 더러 길에서 넘어지는 노약자가 있으면 도와줄 것을 지시했으며 농군들은 안심하고 모내기를 하도록 지도했다. 첫날 오후에는 여느 날과 마찬가지로 길에 왕래하는 사람들이 많았다.

이때 김문현은 변복을 하고 북문 쪽으로 나가 피란민 무리에 섞여 도망치다가 민가의 나귀를 빼앗아 타고 달아났다. 경기전(慶基殿)의 참봉은 태조의 어용(御容)을 끊어 말아 들고 위봉산성으로 달아나다 길에서 판관 민영승과 마주쳤다. 민씨 일가인 민영승은 전주성을 버린 죄를 무마하려는 잔꾀로 어용을 빼앗아 위봉산성 태조암에 보관하게 하고 달아났다(『오하기문』).

그런데 도망가던 무리에는 전신국의 기술자들도 있었다. 그들은 전보를 통해 조정에 사태를 보고했는데, 피란 중에 전신기를 공주 옆 고을인 노성현(지금의 논산군)까지 지고 갔다. 그나마 그들은 국록을 먹은 대가를 한 셈이었다.

성안에 수만 명의 농민군이 모인 탓에 잠을 자고 밥을 먹는 것이 예삿일이 아니었다. 겨울철이 아니어서 잠은 빈 관아 건물과 으리으리한 부호 저택에서 잤고 밥은 비빔밥을 만들어 먹었다. 갖은 채소 반찬을 밥과 버무린 간편식이었다. 달걀이나 참기름을 더하면 제격이겠으나 당시에는 그러지 못했다. 저 유명한 전주비빔밥이 제삿밥에서 유래되었다는 설도 있지만 이 시기부터 유래된 것으로 보인다.

농민군은 전주성의 사대문을 철통같이 막고 방비를 엄중히 했다. 이 소식을 들은 홍계훈은 앞이 캄캄해져 다급하게 전주로 달려왔다. 다음 날 아침 관군 2000여 명은 뒤늦게 전주성을 포위하고 전주 주변의 완산 7봉을 중심으로 진지를 구축했다. 남쪽 완산 마루에서 바라보면 왼

쪽의 용머리고개와 전주성 안이 훤히 보였다. 농민군은 전략적으로 남쪽 완산을 소홀히 하여 먼저 차지하지 않은 실수를 저질렀던 것이다.

그날 오후 관군이 먼저 싸움을 걸었다. 관군은 완산에서 전주성을 향해 대포 세 발을 쏘았다. 이에 농민군 한 무리는 풍남문을 열고 흰 포장을 대열 앞에 치고 나왔고, 또 한 무리는 칼춤을 추며 서문에서 나왔다. 농민군은 수십 개의 장태를 밀고 산비탈을 향해 올라갔지만 효과를 보지 못했다. 장태는 내리막과 평지에서는 유용했지만 오르막에서는 효력이 없었다. 몸을 숨기기 어렵고 밀고 올라가는 힘이 많이 들었던 것이다. 농민군은 어쩔 수 없이 후퇴했다. 이때 농민군 몇백 명이 전사했다.

그날 밤 서문 언저리에 화재가 나 민가가 불타고 화염이 높이 치솟았다. 서문 밖에는 민가가 빼곡해서 기와집과 초가집 수천 채가 불길에 휩싸였다. 이를 두고 홍계훈은 농민군이 태웠다고 보고했으나 황현은 관군이 불을 질렀다고 기록했다. 아마도 황현의 기록이 맞을 것이다. 농민군이 자신들이 차지한 성내를 굳이 불을 지를 까닭이 있겠는가.

한편, 다른 말도 전해진다. 김문현이 전주에서 물러나면서 서문에 빼곡히 들어서 있는 민가에 불을 지르게 했다는 것이다. 농민군이 민가 지붕에 올라 서문으로 넘어오는 것을 막으려고 한 짓이었다 한다. 여러 합리적인 정황으로 보건대 홍계훈이 불을 지른 것으로 여겨진다.

홍계훈은 전봉준을 잡는 자에게는 조정에서 큰 상을 내린다는 방문을 성안에 뿌린 뒤 주모자를 빼고 모두 용서해준다고 약속했다. 또 관노나 사령 들에게는 직함을 몸에 써 붙이고 투항하면 방면한다는 전령을 내걸기도 했다. 농민군의 내부 분열을 꾀한 것이었지만 사기가 한껏 오른 농민군에게는 별로 효과가 없었다.

다음날에는 농민군이 북문을 나와 황화대를 바라보며 선제공격을 퍼부었다. 이에 관군은 회선포를 발사해 농민군에게 피해를 주었다. 그 뒤 몇 차례에 걸쳐 격전을 벌여 피아의 희생자가 속출했다. 농민군측에서는 용맹한 선봉장인 김순명과 소년 장사 이복용 등이 죽어 타격을 입었다. 10대 소년으로 선봉장을 맡았던 이복용의 전사는 전봉준을 슬프게 했다. 지도부는 작전 계획을 수정해야 할 처지에 몰렸다. 특히 농민군 지원 부대가 관군을 배후에서 기습해주기를 기다렸다.

관군이 성안에 대포를 연달아 쏘며 위협하자 성안에서는 겁을 먹고 달아나는 자가 늘었다. 관군의 대포는 사정거리가 500미터를 넘을 정도로 성능이 좋았다. 완산 아래에 설치한 포대에서 대포를 쏘자 포탄이 성안 경기전 처마에 맞은 사고도 있었고 조경단 건물을 파괴하는 일도 일어났다. 조선 왕실의 신성한 두 건물이 조금이라도 손상된 일은 실로 양쪽 모두에게 큰 논쟁거리였다.

이렇게 세 번에 걸쳐 큰 전투를 벌이면서 양쪽의 희생자가 속출했다. 당시 충청감사의 전신 보고에 따르면 전사자는 농민군 300여 명, 관군 500명 또는 600명이었다. 당시 전신국이 노성에 설치되어 있었던 탓에 조정에 보고하는 일은 충청감사가 맡았다. 홍계훈은 장성 황룡전투의 패전도 "그들은 과연 장성에 머무르고 있었으므로 제각기 먼저 감영으로 달려갔습니다"(『주한일본공사관기록』)라고 얼버무리며 패전 사실을 누락시키는 따위의 거짓말을 밥 먹듯이 했다.

먼저 농민군 쪽에서 동요의 빛이 돌았다. 연달아 터지는 대포의 굉음도 위협적이었지만 요란하게 상금을 내건 방문과 하급 졸개들은 용서해주겠다는 '방'이 성안에 나돌며 농민군의 마음을 흔들었다. 게다가 양식도 바닥나고 있었고 외부와 연락이 두절되어 정보가 차단된 상태도 불안을 가중시켰다. 그 여파로 몇몇 나약한 장수가 전봉준을 잡아 바치려는 음모를 꾸미고 있었다.

전봉준은 낌새를 알아차리고 여러 장수를 불러모아 손가락을 굽혀 점치는 시늉을 한 뒤 "사흘 뒤 점심나절이 지나 좋은 소식이 있을 것이오. 여러분은 내 말을 듣고 죽을 곳에 들어왔으니 내 말을 두 번 들어 잠시 참지 못하겠소?"라고 설득했다. 전봉준은 끝내 농민군 지도자들을 진정시키고 5월 2일 홍계훈에게 자신의 뜻을 다음과 같이 전달했다.

예전 감사가 수많은 양민을 죽인 일은 생각지 않고 도리어 우리에게 죄를 물으려 하는가? 선화(宣化)하고 목민(牧民)해야 할 사람이 많은 양민을 죽였으니 이것이 죄가 아니면 무엇이 죄인가. 국태공을 받들어 감국(監國)케 하는 것은 사리가 정당하거늘 어찌 반역이라 하는가? 선유사와 종사관을 살해한 것은 윤음을 보지 못하고 다만 잡아들이라거나 병사를 모으라는 문자만 보았는데, 이것이 사실이라면 어찌 이런 이치가 있을 수 있는가? 군사를 동원한 일의 죄를 묻는다며 죄 없는 많은 백성을 죽이는 것이 옳은가? 눈 한 번 흘기

는 것도 꼭 같는데, 남의 무덤을 파고 재물을 갈취하는 일은 우리
가 가장 미워하고 서러워하는 바다. 탐관이 모질게 굴어도 조정에
서 생민을 돌보았다는 말은 듣지 못하였다. 탐관은 마땅히 낱낱이
죽여서 제거하는 것이 무슨 죄인가? 각하가 잘 생각하여 임금에게
알리는 것이 해결의 실마리다.

—『양호초토등록(兩湖招討謄錄)』

다시 흥선대원군을 받든다고 한 구절이 주목된다. 또 여러 폐단 속에
서 유난스레 늑장(勒葬, 위세를 빌려 남의 무덤을 파내고 자기 조상의 무
덤을 만드는 것)을 거론한 것도 단순하지 않다. 농민군은 수령과 양반,
토호에게 늑장의 피해를 수없이 받아 원한이 쌓였던 것이다. 또한 탐관
을 스스로 제거한다는 의지도 있었다.

화약을 맺다

전봉준의 요구는 홍계훈의 마음에 갈등을 불러일으켰다. 그리하여 본격
적 교섭이 시작되었다. 홍계훈의 항복 권고가 연달아 날아드는데다 승
전 가능성도 낮았다. 더욱이 전봉준은 몇 차례 전투를 치르는 과정에서
머리와 다리를 심하게 다쳤다. 총대장이 부상당한 사실을 부하들이 알
게 되면 전투 의지를 잃게 될 터였다. 특히 앞에서 살펴본 대로 농민군
은 전봉준이 총칼에도 다치지 않는다는 믿음을 갖고 있지 않은가. 게다

가 며칠이 지나도 남쪽의 지원군은 오지 않았다. 이에 전봉준은 마침내 화약을 맺기로 결정한 것이다.

　농민군 지도부는 한편으로 삼례에서 전주성의 귀추를 엿보며 대기하는 신임 전라감사 김학진과 교섭을 벌이기로 했다. 김학진은 새 감사의 임무를 띠고 부임하러 내려왔지만 농민군이 점령한 전주성으로 들어갈 수 없었다. 그는 먼저 방비가 튼튼하고 민씨 일가인 민영운이 현감으로 있는 고산의 위봉산성으로 들어갔다가 상황이 안정되자 들판에 있는 삼례로 나왔던 것이다. 농민군 지도부는 이 사실을 알고 있었다. 그들은 의견을 모아 김학진에게 다음과 같은 글을 보냈다.

　　초토사가 와서 효유하는 글 하나 없이 모든 일을 죽이고 치는 일을 일삼아서 대포를 어지러이 쏘아대고 곧바로 성안을 향했습니다. 소중한 경기전과 조경단이 여러 차례 큰 탄환을 맞아 파괴되었고 성 안팎의 인가가 모두 불에 타고 무고한 백성들이 불에 타 죽었습니다. 이와 같은 변괴는 예나 지금이나 들어보지 못했습니다. 임금의 지시를 받들어 위무하는 임무를 맡아 처음부터 효유하지 않고 두 전 건물에 대포를 쏘았으니 도대체 어떤 생각입니까? 불을 놓고 백성을 죽이니 그 뜻을 헤아릴 수 없습니다. 순상 합하께서는 임금의 덕을 널리 펴시고 백성을 즐겁게 하는 일을 어찌 조금이라도 머물러 지체되게 하겠습니까? 빨리 전주성으로 돌아가서서 모든 백성을 맞아주시기를 바랍니다.

매우 정중한 표현으로 홍계훈의 처사를 나무라고 김학진이 수습해주기를 요청하는 내용이었다. 강화 제의나 다름없었다. 김학진은 어느 정도 마음을 추스르고 전주성으로 들어갈 준비를 서둘렀다. 이 글에는 받는 이로 염찰사인 엄세영, 경기전과 조경단의 책임자인 김종한의 이름도 병기되어 있었다. 이에 엄세영이 먼저 반응을 보여 각 고을에 공문을 보냈다. 그 한 대목은 다음과 같다.

밤낮으로 백성을 위하는 한 가지 일에 근심하고 힘썼으나 백성들이 더욱 빈곤하고 야위어 있으며 곳곳마다 잘못 전해서 소요를 일으킨다는 소문이 돌고 있으니 이는 어떠한 까닭인가? 대개 폐해가 되는 단서는 나 또한 종종 들은 것이 있다. 오로지 탐관오리들이 보살피지 않아 백성들이 생업에 편안히 종사할 수 없어서 근래에 이런 일을 불러왔으며 토호의 무단이 맹수보다 더 두려운 것이 되었다. 저 불쌍하고 무고한 자들은 의지하여 살길이 없는데 국가가 토지에 부과하는 것이 원래의 총액보다 몇 배나 되게 하여 항아리에 남는 것이 없어 흩어져 떠났으며 무명잡세 등을 토색하여 허다한 화폐의 근원이 다하고 말라서 물자를 유통하는 길이 막혔다. 이것이 어찌 수령들이 직분을 받드는 도리겠는가?

엄세영은 수령과 토호를 질책하면서 수령들이 바로잡는 일에 나서라고 일렀다. 그는 실정을 조사하는 책임을 맡아 나름대로 수습하려는 의

지를 보였다. 이렇게 관민 사이에 화해의 분위기가 조금씩 조성되고 있었다. 마침내 이 일의 주역은 전봉준과 김학진이 맡게 되었다. 그런데 이 시점에서 홍계훈은 거짓과 과장으로 자신을 변호하고 나섰다. 그는 김학진에게 글을 보내 자신의 전공을 다음과 같이 전했다.

> 그들이 재빨리 달려 앞으로 왔을 때 우리 진영의 병사들은 일제히 한바탕 대포를 쏘아 사살하고 소위 대장기를 뽑아서 먼저 그들의 괴수 김순명과 어린 장수인 이복용을 잡아 모두 참수했습니다. 같은 무리 500여 명을 대포를 쏘아 죽였고 거두어들인 총검이 모두 500여 자루였으며 나머지 사방으로 흩어져 도망한 적은 각 처의 백성들이 차례로 잡기를 기다려서 잡는 대로 참수했습니다.
>
> ―『수록(隨錄)』

홍계훈이 중앙에 올린 보고도 이와 마찬가지였다. 김순명과 이복용은 하급 장졸이었다. 이때 전봉준 등 지도부는 건재하게 작전을 지휘하고 있었다. 바로 그들과 화해의 조건을 내걸고 화약을 추진하지 않았는가. 이 보고가 얼마나 엉터리인지는 두말하면 잔소리일 것이다.

농민군 지도부는 홍계훈에게 요구 조항을 전달했다. 이 대목에서 굳이 설명할 필요도 없이 그동안 수없이 거론되었던 국가의 이름으로 행해진 잘못된 비정, 중앙 벼슬아치와 수령의 부정을 비롯해 보부상의 폐단 시정, 쌀의 유출 방지 등 27개 조항을 제시했다. 홍계훈은 삼례에서 대기하던 신임 전라감사 김학진의 재가를 통해 농민군의 요구 조항을 받아들여 조정에 시정을 건의하기로 약속했다(『양호초토등록』).

5월 7일 마침내 전주화약이 성립되었다. 사실 전봉준과 홍계훈은 머리를 맞대고 앉아 화약을 맺은 것이 아니다. 협상과정에서 홍계훈과 전봉준은 한 번도 만난 적이 없다. 몇 차례 편지를 주고받으면서 조건을 제시하다가 결정을 내린 것이다. 어쩌면 화약이 아니라 합의 또는 약속이라고 하는 편이 맞을 것이다.

앞서 말했듯이 농민군의 내부 사정은 악화되고 있었다. 전주성 점령 후 관군이 날로 증가하면서 전주성의 농민군은 사실상 포위된 상태였고 오히려 수세적 입장이 되었다. 특히 5월 3일에 벌어진 전투는 관군측의 대승리로 끝나면서 전세가 역전되었다. 이 전투는 관군측을 대단히 고무시킨 반면, 이미 동요하고 있던 농민군 진영에는 큰 타격을 주었다. 그러므로 전주화약은 어느 쪽의 승리라 단언할 수 없다. 적당한 국면에서 타협을 보아 '본서방도 좋고 샛서방도 좋은' 형국이라 할 수 있었다.

무엇보다 중요한 것은 청일 군대의 출병이었다. 전주성을 점거하던 농민군이 이런 사정, 특히 일본군의 출병과 동향에 대해 정확히 알고 있었는지는 불분명하다. 그러나 청나라군의 출병 사실은 농민군측도 분명 알고 있었다. 병력의 규모, 동태 등의 정보는 정확하지 않았겠지만 청나라군이 농민군을 진압하기 위해 오고 있다는 사실은 농민군 진영에도 전해졌고 이는 전주화약에도 중대한 영향을 미쳤다. 이미 4월 7일에는 초토사의 군대를 따라 청나라 정탐원 서방걸(徐邦傑) 등이 전주에 도착했으며 4월 10일을 전후한 무렵부터 전주에는 청나라 수병이 군산에 상륙해 농민군의 뒤를 덮칠 계획이 있다는 풍문이 나돌았다.

4월 17일에도 전황을 살피기 위해 청나라군 열두세 명이 대환포(大丸砲) 4좌 등을 갖고 홍계훈의 경군을 따라 전주성에 도착했다. 4월 18일에는 청나라 병대 1000여 명이 부안포에 도착했다는 소문이 돌았다. 5월 5일 청나라군이 아산에 들어온 직후에는 아산에 청나라군의 고시문이 붙었고 5월 7일에는 '창란(倡亂)한 토비'를 진압하러 왔다는 고시문이 전주성 내에 나붙었다. 그리고 다음날인 5월 8일에는 공주 영문과 아산에도 내걸렸다. 청나라군의 고시문은 농민군 진영에도 전해져 전봉준 등 지도부에서도 어느 정도 알고 있었다.

전주성이 함락된 뒤인 5월 10일에 조선 조정에서는 청나라에 다시 정식으로 대규모 원병 요청의 글을 보냈는데, 다음과 같은 구절이 있다.

> 우리나라 전라도 관할인 태인, 고부 등의 고을에 사는 백성들은 습성이 사납고 성질이 교활하여 평소에 다스리기 어렵다고 일렀습니다. 근래에 동학 교비(敎匪)들이 무리 1만여 명을 모아 십여 고을을 공략하고 또 북쪽으로 전주성을 함락했습니다. …… 아직도 발호가 계속되어서 중조(中朝, 청나라)에 근심을 끼치는 일이 너무 많습니다. 우리나라 두 차례 내란인 임오군란과 갑신정변 때 모두 중조 병사의 힘을 입어 평정했습니다.
>
> —『근대중국외교사자료집요(近代中國外交史資料輯要)』

원병을 요청하면서 비굴하게도 자기 백성을 사납고 교활하다 표현했고, 또 치욕스러운 임오군란과 갑신정변의 청나라 병사 개입을 스스로 '은의'라고 칭하는 내용을 담고 있다.

한편, 상당수의 농민군은 '농민'이었던 터에 농사철을 맞아 들떠 있었다. "논에 물을 대어야 하는데", "볍씨를 뿌려야 하는데", "모내기 날이 다가오는데"라며 고향으로 돌아가려는 농심(農心)이 발동하고 있었다. 게다가 전주성이

홍우전 물침첩 1894년 11월 나주목사가 홍우전에게 발급한 물침첩으로 이 문서만 있으면 함부로 재산을 약탈하거나 잡아가지 못했다(동학농민혁명기념재단).

완전히 포위되어 시장이 열리지 않는 탓에 물품 조달이 끊겨 있었다. 당장 밥을 굶어야 할 처지였다.

5월 8일 아침 마침내 농민군은 마지막으로 자신들이 요구하는 '폐정개혁안'을 임금에게 전달해줄 것을 조건으로 무기를 관군에게 내주고 전주성에서 철수하기로 합의했다. 전주성 안에 있던 농민군은 홍계훈과 합의한 대로 관군들이 침범하지 않는다는 물침첩(勿侵帖)을 받아들고 조심스레 눈치를 살피며 성내를 빠져나왔다. 다만 손에 들 수 있는 가벼운 무기는 거의 들고 나갔다.

그런데 홍계훈은 또 이와 다르게 보고했다. 그날 오전 10시 관군이 300여 개의 사다리를 만들어 성벽에 걸고 넘어 들어가서 남문을 열게 하여 수복했다는 것이다. 그러고 나서 빼앗겼던 대포 등 무기와 화약을 거두어들였다고 했다. 이는 전봉준과 합의한 조건과는 맞지 않는데, 자신의 공적을 내세우고자 끝까지 허위 보고를 올린 것이다.

일본 첩자의 보고는 이와 다르다. 전봉준은 홍계훈을 믿을 수 없었고 경군이 농민군에게 적개심을 갖고 있음을 알고 있었다. 그리하여 성내의 여자들에게 남복을 입혀 앞잡이로 삼아 경군 선발대의 주의를 흐트러뜨리고 역시 같은 수법으로 고을민들을 모아 서문 밖으로 나가게 했다. 경군은 서문과 남문에서 대기하고 있다가 그들이 우르르 몰려나오자 회선포를 쏘았다. 그 틈을 타서 농민군은 동문을 통해 전주성을 빠져나왔다 한다.

전봉준 등 지도부 인사들은 각자 부하를 이끌고 일단 자신들의 본거지로 돌아갔다. 이때도 홍계훈은 김학진에게 "저들 무리가 이미 도망가 흩어져서 지금 전주부에 들어와 성을 회복했습니다. 이에 감사가 머문 곳에 보고합니다. 하루빨리 감영에 도착해 조치를 서로 상의합시다"라고 보고했다. 승리자 행세를 한 것이다.

전주화약 직후 농민군 지도부는 각지에 통문을 띄워 "청나라군이 물러간 뒤에 다시 의기를 들고자 하니 각 군의 장졸들은 각별히 유념해 명령을 기다리라"고 지시했다. 전주성을 빠져나온 농민군 지도부가 가장 시급히 여긴 과제는 청나라군의 철수였던 것이다. 이를 위해 전주화약

직후 일부 농민군이 수십 명 또는 수백 명 단위로 주둔한 경우를 제외하면 거의 집으로 돌아가거나 돌출 행동을 자제했다. 전주화약이 이루어진 뒤 전봉준도 10여 명의 농민군만 거느리고 각지를 순회하며 농민군의 귀가를 독려했다.

한편, 삼례에서 정세를 살피던 전라감사 김학진은 양호초토사 홍계훈이 전주를 떠날 무렵 전주로 들어와 파괴된 선화당에 자리를 잡고 정신을 가다듬었다. 그는 무엇보다도 농민군 쪽에 효유문을 보내 무장을 해제하고 빨리 해산하라고 타이르면서 또 이렇게 말했다. 어투가 매우 정중하고 부드러웠다.

너희는 내 말을 듣고 서로 의심하지 말고 서로 겁을 먹지도 말고 모두 고향 마을로 돌아가 너희 밭을 잘 갈고 너희 집을 잘 지어 다시 평민이 된다면, 모두 목숨을 보전하고 편안하게 생업에 종사하는 즐거움이 있을 것이며, 형벌에 빠지고 국법을 거스르게 되는 근심을 면할 수 있을 것이니 어찌 큰 다행이 아니겠는가? 너희는 또한 열성조 500년 동안 이치에 따라 잘 다스려지고 교화되었다. 이미 떳떳한 품성을 갖추었으니 어찌 끝내 미혹하고 어둡고 완악하여 다스려지지 않을 이치가 있겠는가? 이에 뒤에 기록한 몇 가지 조목을 너희와 약속하니 어찌 너희를 속이겠는가? 만일 너희를 속인다면 단지 백성들을 사지에 두는 것만 아니라 진실로 외롭게 되고 우리 임금께서 맡기신 중요한 일을 저버리는 것이니 너희는 조금이라도 잘 알고 혹시라도 의심하지 말라.

그러고는 여섯 조항을 약속한다고 제시했다.

하나. 백성에게 해가 되는 폐정은 이미 바로잡은 바 있다. 앞으로
작은 것은 감영에서 바로잡고 큰 것은 임금에게 아뢰어 바로잡기
를 요청할 것이다.

하나. 모두 귀화를 허락했으니 앞으로 벼슬아치들이 침학하는 일을
막을 것이다. 고을의 면리(面里)에는 이미 집강이 있으니 억울한
일이 있으면 집강에게 알리고 집강이 사유를 적어 감영에 올리면
공정하게 결정해줄 것이다.

하나. 지녔던 병기는 상세히 기록하여 살고 있는 군현에 바치도록 하라.

하나. 거둔 재물과 곡식은 앞으로도 따지지 않겠다는 뜻을 각 고을
에 지시하겠다.

하나. 농사철을 놓치고 재물을 써버렸으니 금년의 호역과 공납은 면
제해줄 것이다.

하나. 너희를 편안하게 생업에 종사하고 즐겁게 살게 해줄 것이다.
지금 모두 다 기록할 수는 없다.

앞의 조항 중에 면리의 집강에게 알리면 집강이 감영에 보고한다는
것은 바로 동학농민군 조직을 통한 농민 자치를 인정한다는 뜻이다. 면

리 집강은 농민군이 점령한 곳에 둔 직책을 말한 것이지, 따로 감영이나 군현에서 임명한 것이 아니다. 이는 앞으로 농민군이 벌일 군현 단위의 집강소 활동과 맞물려 있다. 이어 호역과 공납을 1년 동안 면제해주겠다는 약속은 국가 수취의 일부를 탕감한다는 것으로 획기적인 조치다. 이 두 조항은 김학진이 감사로 발령받을 때 임금에게 편의종사(便宜從事)의 약속을 받은 사항에 포함될 것이다. 이런 약속은 아직 농민군 지도부의 동의를 받지 않았지만 곧 전봉준과의 협상조건에 포함되었다.

한편, 양호초토사 홍계훈은 신임 감사가 전주에 들어올 때를 대비해 장위영 군사 300여 명과 청주 병영 군사 한 부대를 전주성 안에 잠시 남겨두고 5월 18일에 주력부대를 이끌고 전주에서 물러났다. 삼례에서 대기하던 평양 수비병 서영 군사는 순변사 이원회가 거느리고 올라갔고, 강화도 수비병 심영 군사도 물러갔으며, 전주 근처를 맴돌던 청나라 군사들도 철수했다. 다만 일본의 첩자들은 아직도 눈치를 살피면서 전주 언저리를 맴돌고 있었다. 전주성은 겉으로는 일단 평온을 찾았다.

5장

농민통치기구
집강소의 태동

민주주의의 뿌리, 집강소

농민군이 전주를 점령했다는 소식에 서울의 민심도 요동쳤다. 이씨 조선의 발상지인 전주가 반란군에게 빼앗겼다는 사실은 하늘이 놀라고 땅이 뒤흔들릴 만한 대사건이었다. 서울의 높은 벼슬아치들도 "이렇게 될 줄 알았지"라고 탄식했다 한다. 또한 서울 주변 고을에서도 소요가 일어나 민심이 흔들리자 양반과 토호 들은 피란 갈 준비를 서둘렀다.

고종과 민비는 농민군이 국태공을 받든다는 보고를 듣고 크게 두려워했다. 적을 빨리 평정하지 못할 경우 서울까지 무너질 것이라 여겨 민영준을 불러 계책을 논의했다. 두 사람은 전보로 청나라에 원군을 요청하라고 다그쳤다. 민영준이 일본군이 개입할 염려가 있다고 하자 민비는 "못난 놈! 내가 차라리 왜놈의 포로가 될지언정 다시는 군란 때의 일을 당하지 않겠다. 또 내가 망하면 너희들도 씨가 마를 것이니 여러 말 말라"라고 호통쳤다 한다(『매천야록』).

한편, 전주화약이 이루어질 무렵 먼저 전라감사 김문현과 고부군수 조병갑, 안핵사 이용태는 관직을 박탈당하고 유배되었다.

전주화약에 따라 농민군이 해산한 뒤 조정이 풀어야 할 시급한 과제는 청나라와 일본 두 나라 군사를 물러나게 하는 것이었다. 외국 군대가 주둔할 빌미를 없애려면 농민군이 전주성에서 물러나 호남이 평온함을 보여주어야 했다. 임금은 폐정을 바로잡을 것, 탐관오리를 엄하게 다스릴 것, 고통받는 농민들을 도울 것, 죽은 농민군을 묻어줄 것 따위를 약속하며 농민군을 위무했다. 그러고는 순변사 이원회와 양호초토사 홍계훈을 군사와 함께 서울로 불러올렸고 현지의 일은 전라감사 김학진에게 맡겼다.

잠시 김문현을 대신할 신임 감사 김학진이 누구인지 살펴보자. 당시 많은 높은 벼슬아치는 혹시라도 전라감사로 부임될까봐 눈치를 살피며 요리조리 핑계를 대고 피했다. 그 좋다는 전라감사 자리가 이제는 찬밥 신세가 된 것이다. 이때 민영준이 김학진을 추천했다.

김학진은 안동 김씨 후손이었으나 여흥 민씨와는 거리를 두고 있었다. 그는 수구파나 개화파 어디에도 속하지 않고 애매한 입장을 보였다. 오히려 이 때문에 난국을 수습할 적임자로 여겨진 것이다. 임금이 김학진을 궁궐로 불러 전라감사로 임명하자 그는 임금 앞에 엎드려 일어나지 않았다. 임금이 일어나라고 분부했는데도 계속 엎드려 있었다. 이에 임금이 할말이 있느냐 물었고 김학진은 '편의종사' 조처를 내려달라고 말했다.

임금이 처음에는 허락하지 않았으나 그가 계속 엎드려 있자 어쩔 수 없이 '편의종사'를 허락했다. 편의종사(便宜從事)란 수령이나 장수가 현지 사정에 따라 임금의 결재를 받지 않고 먼저 일을 처리할 수 있는 권한을 갖는 것을 말한다. 그는 전라감사로 임명받고 집으로 돌아와 떠날 채비를 하면서 아내를 보고 오열했다 한다.

그리하여 김학진은 조정에서 맡긴 무거운 짐을 지고 현지에 부임했다. 그가 전주 부근에 도착할 무렵 전라감영은 이미 농민군의 손에 들어갔고 이후 전주화약이 성립되어 집강소 활동이 시작되었다. 앞으로 김학진과 농민군 지도부 사이에 힘겨루기와 갈등이 빚어질지, 원만한 협조가 이루어질지 주목되는 순간이었다.

전주에서 해산한 농민군은 각자 살던 고장으로 돌아가 차분한 마음으로 지역의 폐단을 바로잡는 일에 나섰다. 전봉준은 농민군에게 사적인 보복행위를 금하고 관군과 무력으로 충돌하지 말라고 지시했다.

전봉준은 전주성 전투에서 부상당했으나 금구의 원평에서 여러 조치를 하고 이웃 고을인 김제에 들른 뒤에야 태인의 집으로 돌아갈 수 있었다. 처음 구상한 대로 농민군이 고을 단위로 폐정의 일을 처리할 대도소(大都所), 곧 집강소 설치를 독려하고자 순시했던 것이다(『전봉준공초(全琫準供草)』).

이를 위해 전봉준은 관민상화(官民相和)를 내걸고 김학진과 서로 화

집강소 기록화, 이의주, 1987년.

해할 길을 찾고 있었다. 6월 7일 무렵 김학진과 전봉준은 은밀히 만나 여러 현안을 두고 의견을 나누었다. 그 합의의 결과로 군현 단위로 집강소를 설치하게 되었다. 이를 통해 농민군은 면, 리를 넘어 읍 단위 고을의 행정력마저 장악하게 되었다.

이때 김학진은 전주 토박이들보다 서울에서 데려간 김성규를 전라감영의 총서(總書, 비서실장 격)로 삼았다. 또 전라감영의 관리들을 믿지 않고 자신의 군관 등에게 농민군과의 화의를 맡겼다. 이는 올바른 조치였다.

이어 농민군 지도자들이 남원집회를 열자 김학진은 군관 이용인을 보내 몇 가지 제안을 했다. 첫째, 폐정은 일체 뜯어고치되 작은 것은 자신의 손으로, 큰 것은 조정에 보고해 고칠 것이며 둘째, 농민군이 편안히 생업에 종사할 것을 보장하되 각 면·리마다 집강소가 설치되었으니 집강을 통해 억울한 일을 호소하면 감영에서 처리할 것이고 셋째, 병기를 환납해야 하되 곡식 등을 빼앗은 일은 전혀 묻지 않을 것이며 넷째, 금년의 각종 세금은 낱낱이 면제해주겠다는 내용이었다.

김학진은 편의종사의 권한을 임금에게 받아 농민군측에 이같이 제안했던 것이다. 이는 사실상 농민군의 집강소 활동을 공인하는 처사였다. 또한 김학진은 군관 송경원을 통해 '함께 국난에 대처하기 위해 감사는 도인을 거느리고 힘을 합해 전주를 지키기로 약속하자'고 제의했다.

한편, 호남 53주 중에 수령이 맞아 죽거나 도망쳐 비어 있던 고을도 많았다. 이에 전라감영만으로는 지역의 치안을 유지하기 어려웠다. 따라서 수령 역할을 하는 농민군 출신 집강이 폐정 개혁뿐 아니라 고을의 질서 유지와 치안을 맡도록 허용할 수밖에 없었다. 다만 농민군이 토색질이나 약탈을 못 하게 막는다는 조건이 따랐다. 이 같은 합의 아래 전봉준과 김개남은 집강소 활동을 감시하고 관리하기 위해 각 지역 순회에 나섰다. 김개남은 순창, 옥과, 담양, 창평, 동복, 낙안, 순천, 흥양, 곡성 등 전라좌도를, 전봉준은 장성, 담양, 순창, 옥과, 남원, 창평, 운봉, 순천 등 전라좌도와 전라우도를 모두 돌았다. 그리고 7월 초 다음과 같은 통문을 각 집강에게 보냈다.

지금 우리의 이와 같은 거사는 오로지 백성을 위하고 폐해를 없애는 것이다. 그런데 저처럼 어리석은 무리가 떠돌아다니며 교묘하게 속여서 여기저기 함부로 날뛰고 마음대로 일을 저지르고 있으며, 백성을 괴롭히고 포학하게 행동하여 마을에서 잔인하게 상처를 입히고 있고, 자그마한 혐의나 잘못이 있으면 봉해두었다가 반드시 갑작스레 보복했다. 이들은 덕에 반대되고 선을 해치는 무리다. 각 고을의 집강들이 자세히 살펴서 금단하게 하라.

그리고 나서 "모든 무기는 반납할 것이며, 역마(驛馬)와 상마(商馬)는 본디 주인에게 돌려줄 것이고, 돈과 곡식을 토색하는 자는 처벌할 것이며, 남의 무덤을 파거나 사체를 거두는 자는 모두 처벌한다"고 일렀다. 집강들은 아주 엄격히 다스리라고 당부했다.

한편, 7월 15일 무렵 일본군이 경복궁을 점령하는 사건 이후 남원에서 전봉준, 김개남, 손화중 등 지도자들이 회합을 갖고 집강소 운영과 시국 정세에 대해 논의했다. 그 결과 7월 17일자로 '좌우도 도집강'의 이름으로 각 집강소에 다시 지시의 글을 보냈다.

방금 외적이 대궐을 침범했으며 임금께서 욕을 당하셨다. 우리는 죽을 각오로 일제히 나아가야 한다. 저 외적들이 바야흐로 청나라 군사와 대적하여 싸우려는데, 그들(일본) 군대가 매우 날래고 민첩하다. 지금 만약 갑자기 싸우게 되면 그 화는 예측할 수 없어서 종사에 미칠 수 있을 듯하니 물러나 잠적하는 것만 못하다. 사세를 본

뒤에 기운을 북돋아주어서 계획을 실천한다면 만전을 기약하는 대책이 될 것이다. 바라건대 무주 안의 각 접주들에게 통문을 내어 면마다 상의하여 각자 편안하게 생업에 종사하게 하고 경계 안의 각 접주들은 여러 사람과 상의하여 각자 편안하게 생업에 종사하게 하고 절대 경계 안의 무리들이 마음대로 마을을 돌아다니며 소동을 일으키지 못하게 하기를 절실히 바란다. 이처럼 단단히 타이른 뒤에 이와 같은 폐단을 고치지 못하면 그 집강들을 감영에서 엄히 처단할 것이며 결코 용서하지 않겠다.

—『수록』

이 글은 무주 집강소에 보낸 것이지만 모든 집강소에 똑같이 보냈을 것이다. 글의 명의자인 '좌우도 도집강'은 전봉준을 뜻할 것이다. 무엇보다도 경복궁이 일본군에 점령당하고 곧 청일전쟁이 일어날 것임을 밝혀 뒷날을 대비해야 한다는 구절이 의미심장하다.

그 무렵 결정적인 사건이 또 벌어졌다. 일본군이 경복궁을 무력으로 점령해 고종을 궁궐에 유폐시켜 꼼짝달싹 못 하게 만들어놓고 일본의 지시를 충실히 따르는 개화 정권을 출범시킨 것이다. 이어서 일본군은 조선 조정을 지원하고자 상륙한 청나라 군대를 공격해 청일전쟁을 일으켰다. 이들 사건은 김학진을 농민군 쪽으로 돌려세우는 결정적 계기가 되었다.

한편, 남원은 김개남의 관할이 되었다. 전봉준이 전주를 중심으로 활동했다면 김개남은 남원을 중심으로 세력을 키웠다. 전봉준과 김개남은 나이도 비슷하고 어릴 때 한마을에 살면서 동무로 지냈다. 농민군이 지도부 부서를 정할 때 김개남은 총대장인 전봉준의 지휘를 받았다. 하지만 때로 그는 독자 노선을 걸으면서 전봉준과 어긋나는 모습을 보였다. 이는 노선투쟁이었을 수도 있고 지향하는 가치가 달랐을 수도 있다. 그래서 전봉준은 온건파, 김개남은 강경파로 분류되기도 한다. 이 무렵에도 전봉준은 곧잘 김개남의 근거지인 남원을 찾았다.

김개남은 김학진의 화약 제의가 미지근하다고 여겨 거절했다. 그러면서 스스로 왕 노릇을 했다. 일부 기록에 따르면 그는 자신을 임금처럼 받들게 하면서 왕의 제복을 입고 왕에 걸맞은 호칭을 썼다 한다. 김개남은 남원부사를 죽여 큰 논란을 일으키기도 했다.

농민통치기구 집강소

전봉준은 김개남과 추구하는 방향이 달랐다. 전봉준은 '관민상화지책', 곧 관과 민이 서로 화의하는 계책을 도모하려 전주로 나와 김학진과 면담했다. 그 결과 집강소 활동이 공인되고 전봉준은 전주성에 계속 머물게 되었다. 김학진은 아예 전라감사의 집무실인 선화당을 전봉준에게 내주었다. 김학진은 각 고을원들에게 농민군 집강소 활동을 적극 도와주라는 공문을 거듭 내렸다.

그런 가운데 각지의 수령들은 도망치거나 몸을 사려 협조가 제대로 이루어지지 않았고 복수심에 불타는 일부 농민군의 횡포가 말썽이 되기도 했다. 일부 수령은 일단 협조하면서도 행여 맞아 죽을까봐 눈치를 살폈다. 더욱이 농민군 지도부에서는 청일전쟁을 일으키고 개화 정권을 농락하는 일본군과 전면적 항쟁을 벌여야 한다는 여론이 형성되었다.

어찌 보면 김학진은 역적을 돕는 수준이 아니라 스스로 '역적질'을 한 셈이요, 전봉준은 그를 이용했다고 할 수 있다. 이런 김학진의 행동을 두고 호남의 향반과 사족 들은 이를 갈았다. 황현은 다음과 같이 매도했다.

> 전봉준은 이에 김학진을 끼고 이익을 많이 남길 물건으로 삼아 한
> 도를 손아귀에 넣고 멋대로 주물렀다. 김학진의 주위는 모두 그들의
> 무리였다. 몰래 여러 도둑을 불러 성안에 들어오게 했는데, 명분은
> 성을 지킨다는 것이나 실제로는 성을 포위한 것이다. 김학진은 괴뢰
> 와 같은 사람으로 일어나거나 앉고 침 뱉거나 삼키는 것까지 자의
> 로 하지 못하고 오로지 문서만 받들어 행할 뿐이었다. 그래서 백성
> 들은 그를 '도인 감사'라 불렀다.
>
> ―『오하기문』

이렇게 호남 지방을 중심으로 전개된 집강소는 수령들을 보조 또는 협조자로 끌어들인 농민통치기구였고 반봉건운동에 초점을 맞추어 활동했다. 집강소는 세도가들이 벌인 중앙의 수탈과 수령·벼슬아치·구실

아치의 부정을 척결하고, 양반과 상놈을 가르는 신분 차별을 없애고, 빈민을 구제하고, 부채를 탕감하는 등의 일을 벌였다. 이어 '농사짓는 땅은 농민에게 주어야 한다'는 경자유전(耕者有田)의 원칙을 추진하려 했다.

전봉준 등 농민군 지도자들은 잘못된 정사를 스스로 바로잡을 계획이었으므로 전라감사의 동의와 협조가 없었어도 어차피 집강소 활동은 실시되었을 것이다. 따라서 수령들이 협조하지 않았다면 농민군측과 큰 마찰을 빚었을 것이다. 김학진의 집강소 승인 덕분에 관과 민의 충돌을 피할 수 있었다.

전봉준은 선화당을 차지하고 김학진을 대신해 전라감사 노릇을 하게 되었고 김학진은 선화당 골방에서 뒷짐 지고 전봉준의 활동을 지켜보았다. 그래서 사람들은 전봉준을 후백제를 세운 진훤('견훤'이 아니라 성으로 쓸 때는 '진'이라 해야 옳다)에 비유했고 김학진을 '도인 감사'라 불렀던 것이다. 동학의 중앙 사무 조직을 대도소라 했는데, 전봉준은 전주 대도소에서 사무를 보기도 했고 원평에 대도소를 따로 두기도 했다.

사실 대도소와 집강소의 개념을 뚜렷이 구분하기는 어렵다. 봉기 초기에 농민군이 한 고을을 접수하면 먼저 도소(都所)를 설치해 고을의 행정을 맡아보게 했고 그곳에서 일을 처리하는 농민군 대표를 집강이라 불렀다. 만약 그 고을의 수령이 도망치지 않았다면 협조를 받기도 했다. 수령이 없는 고을에서는 아전의 협조를 통해 행정 사무를 처리했다. 도소에서 실무를 맡은 농민군은 주로 그 고장의 사정에 밝은 젊은 농민군이었다.

이 도소들을 아우르는 상위 조직을 대도소라 불렀고 이들 도소와 대도소가 집강소로 바뀐 것으로 여겨진다. 다만 농민군의 보안 때문인지 총지휘를 맡은 최상위 개념의 집강소는 그 실체가 알려져 있지 않다. 도집강소(都執綱所) 또는 도집강이라는 이름만 보일 뿐이다.

전봉준은 김학진과 합의한 뒤에도 집강소 설치를 위해 부하들을 데리고 여러 고을을 돌아다녔다. 이에 협조한 지도부는 김덕명, 손화중, 최경선 등이었다. 김개남은 자신의 근거지인 남원에 자리잡고 그 주변 고을인 운봉과 금산 등지를 석권했다. 전봉준은 손화중과 최경선을 광주와 나주에 보내 남쪽 지역의 집강소 사무를 보게 했고 김개남은 김인배에게 순천을 관할하게 했다. 또한 김덕명은 자신의 출신지인 금구의 집강소를 원평에 설치했다. 전봉준은 그곳에서도 자주 활동한 것으로 보인다.

먼저 원평 집강소의 사정을 알아보자. 원평은 북쪽에 미륵불을 모신 금산사, 남쪽에 너른 만경평야가 자리하고 있다. 원평은 교통의 요지라서 일찍부터 장이 섰다. 원평천 가에 자리잡은 원평 장터는 조선 말기 상설시장이 들어설 정도로 번화했다. 원평 장터에서는 다양한 농산물을 비롯해 소, 돼지 등 가축도 많이 거래되어 전주 서문장의 축소판이나 다름없었다.

이곳 장날에는 많은 '민란꾼'이 장꾼들 틈에 은밀하게 섞여 세상이 뒤집어져야 한다고 선동했다. 미륵 신앙의 중심지인 이곳에서 '누구나 평등한 미륵 세상이 곧 온다'거나 '의인이 나와 양반과 상놈이 없는 세

김덕명 추모비 김덕명은 금구 원평을 거점으로 전봉준의 든든한 조력자 역할을 했다.

상을 만든다고 떠들어댄 것이다. 농민혁명 과정에서도 이곳에서 여러 사건이 일어났다.

원평 언저리인 용계리에는 동학농민혁명의 5대 장군으로 꼽히는 김덕명이 살았다. 용계리는 바로 금산사로 올라가는 길목에 위치해 있었다. 본디 의기가 남달랐던 김덕명은 양반들이 위세 부리는 짓을 껄끄럽게 여겼다. 그는 전봉준보다 열 살 많았지만 언제나 전봉준의 든든한 조력자 역할을 자임했다. 1차 봉기 당시 그는 쉰 살이었다. 또 전봉준의 충실한 동지이자 부하로 죽음을 함께한 최경선은 원평에서 불과 20여 리 떨어진 태인현 주산 마을(지금의 정읍시 북면)에 살았다. 최경선은 주산 마을에 약방을 열고 동네 아픈 사람들을 보살폈다.

원평의 입지조건이 여러모로 좋아 김덕명은 이곳에 집강소를 설치했다. 그 무렵 이곳 장터에는 동록개라는 백정이 있었는데, 천민 신분이었던 그가 늘 천대받고 구실아치들에게 시달렸을 것은 뻔했다. 그는 "우리는 종이나 백정을 가리지 않고 똑같이 대우한다"는 김덕명의 말에 감동했다. 동록개는 김덕명에게 "백정이 학대받지 않는 세상을 만들어

원평 집강소 김덕명은 백정 동록개가 제공한 집에 집강소를 설치했다. 이 집강소는 2015년에 복원되었다.

주십시오"라고 호소한 뒤 자신의 집을 집강소 건물로 내주었다.

그리하여 동록개의 집은 원평 집강소가 되었다. 이 건물은 번화한 장터 옆에 자리잡은 네 칸짜리 초가집이었다. 뒷날 금산면사무소로, 또 원불교 불법연구회 사무실로도 활용되었다. 그러다가 2015년에 원평 집강소로 복원되었는데, 그 과정에서 건물이 1882년에 처음 지어진 것으로 밝혀졌다. 실제 집강소 건물과 그 일화가 확인된 드문 사례다.

뒷날 김덕명이 체포되자 관가는 이렇게 기록했다. "이놈이 크게 도소를 원평 접소에 설치하고 사사로이 국가의 곡식과 돈을 거두면서 평민을 침학한 자이다." 또 그의 판결문에는 다음과 같이 적혀 있다. "김덕명이 금구 지방에서 무리를 모아 당을 이루고서 군대에 쓰이는 관아의 창고 물건을 마구 빼앗고 민간의 돈과 곡식을 약탈하면서, 관가에서 또는 마을에서 멋대로 날뛰며 소요를 일으켜 분수를 잊고 의리를 저버린 것이 그 끝 간 데가 없다 하기로……."

이런 기록을 통해 그가 원평 집강소의 지도자로서 많은 군수품을 거두어들이고 탐학한 지주를 응징해 농민의 고통을 해결해주었음을 짐작할 수 있다.

관의 기록과 달리 현지 증언에 따르면 김덕명은 예전에 불만스레 대하던 문중의 토호들을 습격하면서 한 사람도 다치지 않게 했다 한다. 이를테면 당시 수천 섬을 추수하던 김부잣집에 농민군이 들이닥쳤을 때도, 장독을 여럿 깨부수어 장물이 개울을 타고 아랫마을까지 흘렀을 때도, 밧줄을 집 기둥에 묶고 끌어당겨 집을 허물었을 때도 그 집 식구들의 몸은 상하지 않게 했다는 일화가 전해진다. 김덕명은 잘못된 제도나 폐막을 고치려 했을 뿐 살상에는 신중했던 것으로 보인다.

천민 부대의 과격한 활동

김개남의 관할 지역은 남원을 중심으로 임실, 장수, 무주, 운봉, 금산 등이었다. 남원에 웅거하고 호령할 때 그는 '천민 부대'를 거느리고 있었다. 이는 노비, 백정, 승려, 장인, 재인 등이 중심인 부대였다. 그들은 온갖 차별의 굴레에서 벗어나고자, 아니 사무친 원한을 풀고자 한번 활개를 친 것이리라. 이곳 농민군은 '양반과 상놈'의 구분을 없애는 과격한 운동을 전개하며 이름을 떨쳤다.

집강소 시기 갑오개혁으로 인해 천민들은 일단 제도로는 신분 해방이 되었다. 그러나 양반이나 상전 들은 이런 변화를 인정하지 않으려 했다. 이때 집강소의 동몽군(童蒙軍)은 '납폐(納幣)'라 하여 딸 가진 양반집 문에 수건을 걸어놓고 다른 남자에게 시집가지 못하게 했다. 이에 딸이 있는 집은 귓속말로 혼약을 맺어 물을 떠놓고 화촉을 밝혔다. 이를 '3일혼'이라 불렀다.

천민 부대는 양반이나 사족을 가장 미워해 길에서 갓 쓴 사람을 만나면 "네가 양반이냐"라고 윽박지르며 갓을 벗겨 찢어버리거나 제 머리에 쓰고 다녔다. 노비 출신으로 농민군에 가담한 자들은 말할 것도 없고 그렇지 않은 노비들도 상전에게 겁을 주어 노비 문서를 불태우는 등 강제로 양인 신분을 얻으려 했다. 더러는 상전을 묶어 주리를 틀거나 곤장을 치기도 했다. 이에 대해 황현은 다음과 같이 기록했다.

> 이때 호남의 도둑들은 수를 나누어 맡았는데, 김기범(김개남의 본명)은 좌도를 돌보고 전봉준은 우도를 돌보았다. 모두 남원에서 모여 열읍을 토색하고 여러 포를 모아서 두루 부자를 수색하고 시골 토호를 잡아들였는데, 도망해 흩어진 사람들은 모조리 들판에서 지내면서 감히 집안에 들어올 수 없었다. 비록 모조리 죽이는 참변은 없었지만 일망타진되고 빗질을 하듯 수색해 근고에 없던 난이었다.
>
> ―『오하기문』

김개남은 완강한 반봉건 의지로 말미암아 전라감사 김학진과의 타협을 거부했다. 그뿐 아니라 흥선대원군이 밀사를 보내 협조를 당부해도 거부하면서 밀사를 죽이려 했다. 그는 현직 수령들이 고분고분하게 말을 듣지 않으면 서슴없이 칼로 내리쳤다. 김개남은 지리산을 넘어 안의, 함양 등 경상도로 진출하려는 의지를 보이기도 했고 금산을 거쳐 충청도 세력과 연합하려고도 시도했다. 그는 이런 급진적인 활동 탓에 동학농민혁명이 실패한 뒤에도 재판받지 못하고 현지에서 처형되어 조리돌림을 당했다.

또한 황현은 남원접과 함께 고창 천민들의 활동이 두드러졌다고 기술했다. "손화중이 우도에 있으면서 백정, 재인, 역부, 공장, 승려 등 평소에 가장 친근하던 무리들을 모아 하나의 접을 만들었다. 그들은 사납기가 이를 데 없어 사람들이 더욱 두려워했다"는 것이다. 고창 천민 부대의 일선 지휘관은 홍낙관이었다. 천민들은 모살계(謀殺契), 동사생계(同死生契)와 같은 결사를 만들어 양반 사대부를 응징했다. 홍낙관은 서울 출신으로 장터에서 재담을 늘어놓는 강담사였다. 그는 두 동생과 함께 떠돌이로 고창까지 흘러왔다고 하는데, 세습 당골 아내를 얻어 무부라는 천민 신분이 되었다. 이처럼 고창은 재인패와 당골 세력이 유난히 드센 곳으로 유명했다.

강진에서도 백정 부대의 활동이 두드러졌다. 이곳 백정들은 농민들과 함께 봉기해 고을 곳곳을 누비면서 부호를 징치하고 빈민을 구제하는 활동을 벌였는데, 그 수가 600여 명이었다 한다. 강진의 백정 부대는 다른 지역과 달리 여러 천민이 섞여 구성된 것이 아니라 그들만으로 이루어진 조직이었다.

고창 출신 상인 차치구는 집강소 기간 초기에 정읍 일대에서 활동했는데, '상놈' 신분 탓인지, 빈한한 생활환경 탓인지 매우 과격했다. 흥덕현감 윤석진이 농민군에 협조하지 않고 오히려 농민군 두령 고영숙을 잡아 가두자 차치구가 이끄는 농민군은 흥덕관아를 들이쳐 고영숙을 구하고 윤석진을 죽이려 했다. 윤석진은 고영숙의 만류로 겨우 목숨을 건졌다.

나주에서는 유별난 일이 벌어졌다. 향반 출신인 오권선이 나주 농민군의 대접주가 되었다. 나주목사 민종렬과 그곳 민보군은 나주성 방비를 굳건히 하고 있었다. 나주는 그만큼 양반 또는 유림 세력이 센 곳이었다. 오권선의 집안인 오씨들도 삼가면을 중심으로 본양 도림 일대에 집성촌을 이루고 사는 토반이었다. 이 오씨들도 두 편으로 나뉘어 각기 농민군과 민보군에 가담했다(『금성정의록(錦城正義錄)』).

나주성이 쉽게 함락되지 않자 오권선은 성밖에서 집강소 활동을 벌이며 폐단을 척결하고 있었다. 다시 말해 나주관아를 점령하지는 못했으나 주변 지역은 해방구가 되어 농민을 통치하고 있었다. 그해 7월 들어 태인의 최경선이 합류했다. 최경선은 광주 등지에 연고가 있었기에 이곳에서 오권선과 힘을 합쳐 나주성을 공격했으나 또다시 실패했다. '발톱에 박힌 가시' 같은 지역이었다.

8월 13일 전봉준은 이를 해결하고자 전라감사 김학진의 편지를 들고 찾아가 담판을 시도했다. 전봉준은 부하 10여 명을 거느리고 의논하지 않고 나주목사를 만났다. 전라감사와 합의해 집강소 활동을 벌이고 있으니 협조하라고 설득한 것이다. 그러나 민종렬은 완강히 거부했다. 오히려 민종렬은 객사에 머물던 전봉준을 사로잡으려 했는데, 전봉준과 수행원 10여 명은 옷을 벗어주며 "몇 달 동안 더위 속에 지내다보니 우리 수행인들의 옷이 땀과 때에 절었다. 영암을 돌고 사나흘 뒤에 다시 와서 갈아입겠으니 옷을 빨아서 기다려라"라고 말했다. 나주청의 장령들은 그때 죽여도 되겠다고 생각하고 문을 열어주었다. 그길로 전봉준 일행은 다시 나타나지 않았다.

운봉에서는 민보군 대장 박봉양의 방해로 집강소를 설치할 수 없었다. 운봉은 지리산 아래 산골로 전라도와 경상도의 경계를 이루고 있었다. 이곳에서 농민군이 일어나자 현감이 제일 먼저 달아났다. 이에 아전 출신 박봉양은 수성군을 조직해 농민군을 몰아내고 고을을 지켰다. 남원에 웅거하고 있던 농민군이 몇 차례 공격을 퍼부었으나 실패했다. 이로써 농민군은 지리산을 넘어 안의, 함양 등 영남으로 가는 통로를 차단당했다. 박봉양은 부정한 수단으로 모은 재산을 털어 수성군의 경비에 보탰다. 결국 운봉에는 호남에서 나주와 함께 군현 단위의 집강소를 설치할 수 없었다.

강렬한 호남 남부 집강소 활동

전라도 서남부 해안가에 있는 무안 고을에서는 초기부터 농민군의 활동이 두드러졌다. 전주화약을 맺은 후 농민군 수백 명이 여기저기서 돈과 곡식을 빼앗았다. 그러자 무안군수가 다음날 이민(吏民)들을 이끌고 가서 농민군 30명을 체포하고 서책, 녹권(錄券), 염주, 예물 등을 도로 몰수했다. 농민군이 '돈과 곡식을 약탈하거나 난폭한 행동을 한' 대상은 주로 악덕 지주나 고리대금업자, 탐관오리였음은 말할 나위도 없다.

무안·해남·진도 지역에서 활동한 농민군 지도자들은 배규인(일명 배상옥), 배규찬, 김응문, 송두옥 등이었다. 여러 기록에서 배규인을 호남 하도의 거괴(巨魁)라 했고 "무안, 장흥 등지의 비괴들이 서로 왕래했다"고 한다. 이는 배규인이 장흥, 강진, 영암, 해남, 진도 등 호남 서남부 지역을 왕래하면서 중요한 역할을 했음을 보여주는 것이다.

무안 지역 집강소 위치는 청천리에 있는 배씨 재실로 알려져 있다. 무안 집강소는 배상옥과 배정기가 지휘했던 것으로 보인다. 청천리에서는 배상옥과 배규찬 말고도 많은 배씨가 농민혁명에 참여했다.

배상옥이 이끄는 서남부 지역 농민군도 다른 지역과 마찬가지로 탐관오리와 불량한 토호들을 징치하는 활동을 전개했다. 또한 배상옥은 목포진을 공격해 무기를 빼앗기도 했다. 『순무선봉진등록(巡撫先鋒陣謄錄)』에 의하면 "지난 6월에 이전 만호(萬戶)가 있을 때 동학의 무리 수천이 본진에 돌입해 달려와서 군기를 몽땅 약탈해갔다"고 한다.

강진·장흥 지역의 농민군 활동도 치열했다. 강진에서는 전주화약 이

전부터 적지 않은 농민군이 주둔해 있었지만 전주성을 점령한 농민군이 귀향하면서부터 농민군의 활동이 본격적으로 시작되었다. 이 시기 강진·장흥 지역의 농민군은 장흥의 '자라번지[鱉番地]'와 강진 읍내 장터 등에 농민군 도소를 설치하고 토호들을 잡아다 징치했다. 특히 이방언, 이인환이 이끄는 장흥 농민군은 6월 19일 산성별장을 잡아가기까지 했다(『일사』).

이에 강진 병영에서는 농민군의 복수행위를 저지하기 위한 여러 대응책을 마련했다. 먼저 전라병사 서병무가 6월 20일경 농민군을 질책하는 포고문을 만들어 보내자 농민군은 자신들이 봉기한 목적은 탐관오리를 처벌하는 데 있다는 점, 그리고 관군측에서 먼저 군사를 이끌고 와서 죽이려 했기 때문에 의기로 일어났다는 점을 밝혔다.

강진 지역 농민군도 평소에 자신들을 괴롭히던 토호들을 잡아 징치했다. 강진의 농민군은 신지(지금의 강진군 병영면 삼인리 신지 마을)를 근거지로 집강소 활동을 전개하고 있었다. 특히 백정 부대의 집단 활동이 눈길을 끈다. 강진에 도소가 설치된 것은 장흥의 농민군이 강진으로 몰려와 합세한 이후로 여겨진다.

한편, 해남 지역에서는 전주화약 직후인 6월 12일에 현감을 찾아가 집강소 설치를 협의했으며 17일경에는 집강소를 설치하며 2000여 명의 농민군을 모아 세력을 과시한 것으로 보인다. 동서로 길게 펼쳐진 해남현에서 서쪽의 남리 지역은 김신영, 동쪽은 김춘두가 대표적인 인물이었다. 해남 집강소는 김춘두가 책임을 맡았던 것으로 여겨진다. 김춘두는 해남 읍내 사람으로 많은 농민군을 거느렸으며 집강소는 읍내 남동에 설치되었다.

해남 농민군은 7월 무렵 빈민 구제 활동도 적극적으로 전개했다. 「도인경과내력(道人經過來歷)」에 따르면 "윤 병사로부터 받아들인 4300냥 가운데 1110냥을 민간에 나누어주었고 500냥은 관노와 사령, 관청의 남녀 종들과 머슴들에게 나누어주었다." 윤 병사는 이곳 양반인 윤씨붙이로 병사를 지낸 인물로 보인다.

진도에도 집강소가 설치되었으나 활동이 순조롭지 못해 이들 농민군은 영광, 무장 등지에 협조를 요청했다. "금년 7월에 본부 조도면 적괴 박중진이 영광과 무장 등지에서 무리를 모아 배를 타고 내침, 성을 공략하고 살해하고 재물을 노략질했으며 군기도 약탈하고 마을에 계속 머물면서 불을 지르고 가산을 부수며 백성의 재물을 겁탈했다"(『순무선봉진등록』)고 한다. 이곳 농민군이 무장의 손화중 대접주를 찾아가 지원을 요청한 결과 무장과 영광 등지의 농민군이 배편으로 진도에 들어온 것으로 보인다. 이들의 식량을 확보하기 위해 부호나 악질 구실아치들의 돈과 곡식을 강제로 거둔 듯하다(이이화·배항섭·왕현종, 『이대로 주저앉

을 수는 없다 : 호남 서남부 농민군, 최후의 항쟁』).

순천·광양 지역의 집강소 활동은 좀더 거세었다. 고부 봉기 무렵인 1894년 2월 25일, 순천에서는 별개의 농민 봉기가 일어났다. 부사인 김갑규가 세미를 이중으로 과세하는 따위의 부정을 저지르자 농민 수천 명이 들고일어났다. 그들이 구실아치의 집을 부수고 항의하자 김갑규는 모든 소원을 들어주겠다고 약속하고 목숨을 구했다. 김갑규는 민씨 일가인 민영준의 매부였다.

백산에서 농민군 지도부가 호남창의소를 설치하고 전국의 농민군을 모아 전면적 봉기를 준비할 때 순천에서는 박낙양, 보성에서는 문장형·이치의 등이 농민군을 이끌고 백산에 합류했다. 이어서 여름에 집강소 활동을 전개할 때 순천을 중심으로 보성, 광양, 낙안, 흥양 등지의 접소에서는 유하덕, 유봉만, 안규복, 이수희 등이 접주로 활동했다.

순천의 양하일은 순천부를 차지하려다가 뜻을 이루지 못하고 대신 낙안 일대를 석권했다. 그뒤 집강소 기간인 6월에 김갑규가 달아나고 영장인 이풍희도 여수 전라좌수영으로 가서 목숨을 부지했다. 그리하여 순천부는 텅텅 비게 되었다. 이때 김인배가 등장했다. 전주에서 농민군이 퇴각할 때 김인배는 고향 금구를 떠나 남쪽 순천 등지로 진출했던 것이다. 다음과 같은 기록이 있다.

작년 6월 이후 금구의 도둑 우두머리 김인배가 이끄는 무리는 각처의 비도가 모여 10만이 되었는데, 성중(순천을 말함)에 들어와 영호도회소를 설치하고 관가의 군기를 빼앗고 남의 돈과 재물을 빼앗으면서 감히 '군수(軍需)'라고 일컬으며 돈을 배당하고 곡식 거두기를 마음대로 했다.

―『순무선봉진등록』

김인배가 순천관아(지금의 영동 삼성생명 건물 자리)에 집강소를 설치하자 조정에서는 뒤늦게 김갑규 후임으로 이수홍을 임명해 보냈다. 그러나 그는 꼭두각시처럼 김인배가 시키는 대로 따랐다. 김인배는 순천에 본부를 두고 영호수접주 자리에 현지 농민군 지도자인 유하덕을, 영호도집강으로는 정우형(순천 쌍암면 출신)을, 성찰로는 권병택(순천 출신)을 임명해 영남·호남의 대접주가 되었다. 이제 전라도 남부의 중심인 순천관아는 김인배의 호령 아래 놓이게 되었다.

유하덕은 순천 출신으로 알려져 있으나 그 내력은 자세히 전해지지 않는다. 초기부터 순천을 중심으로 집강소를 설치하고 접주로 활동했다는 사실만 알려져 있다. 그는 김인배가 오자 총지휘관으로 받들었다. 아마도 유하덕이 김개남에게 지원을 요청해 김인배가 온 것으로 보인다.

어쨌든 김인배는 순천에 본부를 두고 '영호대접주'로 순천 관할 지역의 폐정을 다스리면서 영남의 집강소 활동도 함께 전개했다. 그는 경상도 쪽 섬진강을 건너 하동, 진주 일대마저 차지했다. 이때 진주 일대의 동학 집강들과 협력을 이루었다. 이는 집강소 활동을 경상도 남부로 확대한 특수한 경우에 해당된다.

양반의 씨를 말려라

호남의 집강소 활동 소식은 즉각 다른 지역에 알려졌다. 요원의 불길은 4월 초순부터 먼저 호서 남쪽 지방으로 번졌다. 충청도 청주, 보은을 비롯해 예산, 부여 등지에서는 천민들이 떼를 지어 양반들을 욕보이거나 곳곳에서 민회 성격을 띤 지역 단위의 재회(齋會)가 열렸다.

이때 일어난 노비들은 상전에게 항거하며 노비 문서를 찢어버리거나 먹고살 재산을 나누어달라고 요구했다. 또 종들은 아들딸이 종이 된 뒤 헤어져 거처를 모르는 일이 많았는데, 상전에게 어디로 팔려갔는지 알려달라고 다그치기도 했다. 상전들은 예전과는 달리 아무 대가도 없이 종들을 속량(贖良, 양인으로 놓아주는 조치)할 수밖에 없었다. 속량을 거부하면 도소의 성찰에게 보고되어 큰 피해를 감수해야 했다. 일반 천인과 백정 들도 노비와 함께 민활하게 움직였다. 이곳에서도 흔히 성찰은 말깨나 하는 '상놈'으로 임명해 폐정을 개혁하는 일을 맡겼다. 성찰은 동몽을 중심으로 한 무장 호위대를 거느리고 다녔다.

이런 사정에 대해 황현은 다음과 같이 기록했다.

호서 지방은 본디 사대부가 모이고 훈척과 재상의 집들이 서로 바라보이는데, 서로 패거리를 짓고 무단으로 풍속을 이루어 억지를 써서 집들을 사들이고 강제로 묘지를 빼앗았다. 그래서 힘이 없는 백성들은 원한이 뼈에 사무쳤다. 동학이 일어날 때 분연히 한 번 부르짖자 호응하는 자가 백만이었다. 김씨, 송씨, 윤씨 같은 3대족과 그 밖에 재상, 명가, 토호, 졸부로 낭패한 것이 수를 헤아릴 수도 없었다.

―『오하기문』

여기에서 말하는 김씨는 연산 일대에서 군림하는 김장생의 후손인 광산 김씨, 송씨는 회덕 일대에서 웅거하는 송시열의 후손인 회덕 송씨, 윤씨는 노성 일대에서 호족이 된 소론의 거두 윤증의 후손을 말한다. 이들은 사족 또는 양반으로 위세를 부리고 있었다. 황현은 계속해 이렇게 쓰고 있다.

재상을 지낸 신응조는 진잠에 살았는데, 그 손자인 일영이 불법한 짓을 많이 했다. 도둑들이 일영의 아들을 묶고 그의 불알을 까면서 "이 도둑의 종자를 남겨두어서는 안 된다"고 말했다. 수암 권상하의 종손 호는 청풍에 살면서 탐학한 짓을 많이 했는데, 도둑들이 몰려오자 도망쳤다. 도둑들이 분연히 수암서원을 가리키면서 "이곳은 도둑의 소굴이다"라고 말하고 헐어버리려 했다. 어느 늙은 도둑이 서원의 음식을 제공하고 무릎을 꿇고 빌기를 "호는 죽여도 좋지만 문순 선생(권상하)은 염려해보아야지 않겠소?"라고 해서 중지했다.

―『오하기문』

권상하는 사림 출신으로 노론의 거두로 군림했고 서원은 그 본디의 설치 목적과는 달리 민중을 수탈하는 기구로 전락했다. 이는 평소 양반의 횡포와 유세 아래 짓눌려왔던 민중이 양반 개개인을 징벌하는 동시에 그 양반의 종자마저 없애려 한 일이었다. 양반에 대한 천민의 원한이 얼마나 심했는지를 엿볼 수 있다. 이런 일은 군현 단위의 집강소가 있는 곳에서만 벌어진 것이 아니었다. 충청도, 경상도 등 다른 지역에서는 관아를 접수하지 않고도 임의로 도소를 설치해 집강소와 같은 활동을 전개했다.

또 충청도 홍주의 사례를 살펴보면 홍주군(지금의 홍성) 갈산리 안동 김씨의 종으로 있던 문천검과 이승범은 상전을 발가벗겨 후원에 있는 대추나무에 매달고 "양반의 씨를 말려야 한다"고 떠들면서 아랫도리를 벗겼다고 한다(『동학당의 난』).

충청감영이 있는 공주 일대의 농민군이 6월부터 활발히 움직였다. 이인은 공주감영과 노성으로 들어가는 길목에 위치해 있었으며 남쪽으로는 부여와 청양으로 이어지는 통로였다. 이곳에 공주 출신의 유림으로 알려진 이유상이 7월 초순에 이인도회소를 차렸다. 이인도회소는 공주 언저리 고을의 총지휘부 역할을 했다. 그들은 이인도회소를 중심으로 집강소 활동을 벌이면서 그 경비를 부호와 전관(前官) 출신들에게서 거두어들였다. 부여에 살며 참의를 지낸 민치준이란 자가 찾아와 소 한 마리와 돈 백금을 바친 일도 있었다.

이인도회소에서도 노비들의 활동이 두드러졌는데, 양반 부호들은 이때의 사정을 두고 "우리는 고립되어 이웃의 도움이 없으니 우리 도(道)

는 막다른 골목에 이르렀다"(『남유수록』)고 했다. 특히 공주 달동의 접주 장준환의 활동이 두드러졌다. 장준환은 '유명 괴수'로 끝까지 이름을 날린 사람이다. 그들은 각 고을로 파견되어 활동했는데, 8월 초에는 700여 명이 부여와 광천을 넘나들며 세력을 키웠다.

부여에서도 농민군 활동이 전개되었다. 이곳 고을민들은 부여관아와 가까운 대방면 중리(지금의 부여읍 중정리)에 도소를 차렸다. 이곳 농민군은 토호인 민씨와도 연계되어 활동했고 백마강을 건너 규암과 홍산, 청양 일대까지 확대해 집강소 활동을 벌였다.

부여 농민군 지도자인 이석보, 장봉한, 최천순 등은 곳곳을 누비면서 소작인과 지주, 노비와 상전 사이의 분쟁을 해결해주는 중재자 역할을 했다. 그들이 도소를 설치할 때는 부녀자들이 일손을 도왔다. 부여 읍내 왕진나루 언저리에 있는 조 진사 집의 풍경을 살펴보자. 이복영은 "아낙네들이 집안 뜰에 가득해 옷과 이불을 자르고 바느질했으며 청색과 붉은색이 뒤섞여 있었다. 오른쪽 행랑채 아래에 서너 명의 아낙네가 염색을 하거나 바느질을 하고 있기에 어찌하여 바느질을 하는지 물었더니, 이 마을 포에서 깃발을 만들어 궁원도회에 나가려고 한다고 말했다"고 기록했다.

또 이때의 사정을 두고 이복영은 다음과 같이 썼다.

고을마다 무리가 있고 마을마다 도가 있었다. 하루에 서너 번 넘게 찾아왔다. 금구접, 김제접, 옥구접이라 하고 서로 접장이라 불렀다.

그 무리에 든 사람들을 도인이라 불렀고 그 무리에 들지 않은 사람
들은 속인이라 불렀다.

─『남유수록』

공주뿐 아니라 부여까지 호남의 농민군이 몰려와 활동한 사실을 알
려주는 기록이다. 호남 농민군이 거리낌없이 현지 농민군과 어울렸던 모
습이다. 현지에서 전해지는 말로는 그들이 '이바지'하듯이 접대를 잘 했
다고 한다.

충청감영이 있는 공주에서는 8월 말께 더 큰 사달이 벌어지고 있었
다. 남쪽 서천에 사는 최덕기는 경상도 나들이를 나와서 공주 쪽으로
가다가 다음과 같은 이야기를 들었다.

어떤 상주를 길에서 만났는데, 그와 나눈 말이 "당신은 어디로 가
시오?", "공주감영으로 가오", "지금 공주에는 큰 난리가 나서 반송
접(盤松接)과 서로 비티고 있소. 만일 큰 싸움이 벌어진다면 오늘일
것이오. 곰티에는 공주접 사람들이 유진(留陣, 군사를 머물게 함)하
고 있으면서 길을 막아 제대로 갈 수가 없소." 이와 같았다. 내가 공
주에 가까이 가서 박씨 성을 가진 사람에게 물어보았더니 무방하
다고 해서 함께 길을 걸었다. 곰티 아래에 이르러서 한 아이에게 물
어보았더니 "지금 공주 부중에는 네댓 곳에 유진하고 있어서 만약
행인이 부내로 들어가면 잡아서 진중에 놓아두지요. 들어가지 않

는 것이 좋습니다"라고 말했다.

— 『갑오기사(甲午記事)』

이로 보아 공주에서는 충청감영과 공주 목사영(牧使營)만 농민군 수중에 들어가지 않았을 뿐, 공주 부내는 거의 농민군이 장악했던 것으로 보인다. 뒷날 공주는 동학농민군이 일본군과 관군에 맞서 싸운 처절한 격전지가 된다.

또 충청도 예산에서는 박인호가 대도소를 차려 예포(禮包)라 불렀고 덕산에서 박도일이 차린 대도소는 덕포라 불렀다. 예포와 덕포는 충청도 해안 지역의 농민군을 지휘하는 역할을 했다.

또 이름을 밝히지 않은 어느 선비는 이곳 분위기를 다음과 같이 전했다.

그들은 스스로 왜와 양을 물리친다고 하면서 생산에 종사하지 않고 매일 무기를 지니고 동쪽 가옥에서 무리를 짓지 않으면 서쪽 동네에서 작당을 하여 국법과 임금의 가르침을 무시하고 방백과 수령을 무시했다. 그들 중에 만약 산송이나 채무 또는 자질구레한 원한을 갚을 일이 있으면 제멋대로 판결했다. 심지어는 사대부를 묶어놓고 형을 가하기도 하고, 남의 무덤을 강제로 파고, 채무를 강제로 받아내고, 근거 없이 강제로 돈을 징수하고, 유부녀를 강제로 겁탈했다. 양반가의 노비들은 그들의 노비 문서를 탈취하고 상전을 욕보

인 뒤에 떠나갔다. 부자들의 돈과 곡식을 빼앗고 남의 소와 말을 가
져갔다. 그들이 갚아야 할 물건들을 모두 탕감해준다는 증서를 강
제로 받아냈다. 반상, 노소, 귀천, 친소, 선악을 구별하지 않고 다른
사람의 재산을 마치 자신의 것으로 생각했다. 그중에서 특히 피해
를 입고 곤욕을 당한 자들은 유독 양반가였다.

─『피난록』

이처럼 충청도 해안 농민군은 1000여 명씩 떼지어 돌아다니면서 호
남 집강소와 같은 행동을 했던 것이다. 이 지역 양반 사족들의 어민들에
대한 수탈 또한 극심했던 탓이다.

영남 집강소, 보수 집강소와 결전

영남 내지(오늘날의 낙동강 상류 지역)의 사례를 몇 가지 살펴보자. 김산
에서는 집강소 활동이 활발히 진개되었다. 어모면 참나무골에 사는 편
보언은 김산 장터에 도소를 차려놓고 도집강이라는 이름으로 농민군 통
치를 실시했다. 8월 무렵 편보언은 김산의 총지휘자로 군림하면서 도소
에 몰려드는 사람의 이름을 적고 교주 최시형의 도장이 찍힌 '예지(禮
紙)'라는 증명서를 발급하고 접주, 접사, 성찰 등의 분임을 임명했다.

도집강이 된 편보언은 스스로 전봉준이 보낸 사자라 일컬으며 폐정
을 뜯어고쳤고, 한편으로는 막대한 군량미와 재물을 거두어들였다. 도

집강 아래서 접주들은 말을 타고 깃발을 세우고 마을로 들어갈 때나 나올 때 신호로 포(砲)를 놓아 알렸다. 농민군이 지역 행정을 완전히 장악한 것이다.

김산 일대의 접소에서는 양반과 토호를 징치했다. 예를 들어보자. 이곳 기동에는 양반 지주인 여씨 부자가 살고 있었다. 여씨는 유난히 소작인들에게 원성을 샀는데, 며느리도 모질었다 한다. 이 집 며느리는 퉁방울눈에 키가 큰 미인이었고 부잣집 마나님의 위엄을 갖추고 있었다. 그런데 이 며느리가 소작인이나 종 들을 사람으로 여기지 않았다. 소작인들이 물건을 바칠 때 마음에 들면 여지없이 챙기면서도 묵 같은 시시한 물건이 들어오면 마당에 패대기치며 "이것도 음식이라고 가져왔나"라고 호통을 쳤다는 것이다. 이곳 접주는 여씨들의 정자 고지기 김정문이었다. 여씨 부자는 봉기가 일어나자 인근 지례 산골로 피했다. 그리고 관리인을 통해 재산을 빼돌렸다. 농민군은 양곡을 모으고 있다가 그들이 숨어 지낸다는 소식을 들었다.

마침내 지례 농민군은 여씨 부자를 잡아다 족치며 돈을 내게 하고 풀어주었다. 또 기동의 농민군은 여씨의 조모 묘를 파내 관을 여씨 집 마루에 옮겨놓았다. 이 묘는 남의 무덤의 혈맥을 끊고 강압으로 빼앗아 쓴 것이었다. 이 소식을 들은 여씨는 집으로 달려가 농민군을 향해 '역적질'을 한다고 호통쳤다. 여씨는 죽지 않을 정도로 흠씬 두들겨맞았고 농민군은 돈과 소를 빼앗아갔다. 이런 소문을 들은 양반과 토호 들은 몸을 숨기기에 바빴고 농민군은 더욱 활개를 치고 다녔다.

또다른 예로 예천 농민군 활동을 살펴보자. 예천 지역 농민군 지도자는 최맹순이었다. 그는 본래 강원도 춘천 사람으로 어느 때 무슨 연유에서인지 예천 땅 동노면 소야리로 흘러들어왔다. 최맹순은 타향살이를 시작하면서 옹기 장사를 했다. 이런 장사는 천한 출신 또는 가난한 사람들이 하던 일임은 말할 나위도 없다.

그런데 최맹순은 단순한 옹기장수가 아니었다. 이웃에 사는 장복극을 입도시키는 등 동학 조직을 넓혀갔다. 고부 봉기가 한창일 무렵 그는 후진 소야 마을에 접소를 차리고 스스로 관동수접주라 일컬으며 조직을 확대했다. 이렇게 몇 달이 지난 6, 7월에는 면과 리 단위까지 조직을 만들었는데, 모두 48개 접소에 7만여 명을 끌어들였다. 다음과 같은 기록이 있다.

> 큰 접소는 1만여 명, 작은 접소는 수천 명이 되었는데, 시정의 불량 청소년, 평민, 노비, 머슴 따위가 자기들 멋대로 뜻을 얻은 때라 여기고 관장을 능욕하고 사대부를 꾸짖으면서 마을을 노략질하고, 돈과 재물을 빼앗으며, 무기를 도둑질하고, 남의 노새와 말을 몰아가고, 남의 묘를 파헤쳤다. 사사로운 원수를 갚으려 사람을 묶어 두들겨패서 더러 죽이기도 했다.
>
> —『갑오척사록(甲午斥邪錄)』

이렇게 군 단위에 큰 조직이 편성된 것으로 보아 최맹순의 열정과 지도력이 뛰어났음을 알 수 있다. 더욱이 그들은 예천 읍내를 제외하고는 서북 지역의 행정을 장악하고 향촌 질서를 재편했다. 또 함양 박씨의 유계소(儒契所)를 농민군이 빼앗아 접소로 삼았다.

금곡 접소에는 시골 양반인 함양 박씨들도 농민군에 가담했거니와 천석꾼으로 이름난 '전도야지(본명은 전기항)'가 모량도감(募糧都監)이라는 직책으로 군량을 마련했다. 전도야지는 모습이 돼지 같다고 하여 붙여진 별명인데, '돈 많고 글 잘하고 풍채 좋다'는 소문이 날 정도로 향촌의 신망을 얻었다(고손자 전장홍의 증언).

7월 들어 농민군은 영장을 지낸 토호 이유태를 끌어내 두들겨패고 돈과 곡식을 빼앗았다. 그러고는 읍내로 들어와 악질 구실아치 김병운을 두들겨패고 그 아비의 묘까지 파냈다. 그뿐 아니라 안동부사가 경진 가점을 지날 때 부사의 의관을 빼앗은 뒤 때리고 그 아내의 비녀와 가락지 등의 여장까지도 깡그리 빼앗았다. 그때 최맹순은 읍내로 진격하지 않고 농민군의 행패만을 막고 있었다.

그동안 읍내의 양반과 향리 들도 집강소라는 이름으로 객관에 본부를 두고 1500여 명의 민보군을 조직했다. 예천 지방은 안동과 함께 사족들이 드센 곳이었다. 그들은 종과 소작인까지 모아 별도의 집강소를 조직해 농민군 집강소에 대항하려 했다. 그들의 집강소는 '보수 집강소'라는 이름으로 구별한다.

보수 집강소에서는 농민군의 집강소 활동에 반격을 시작했다. 8월 9일 북부 구산 마을에 농민군 수십 명이 들이닥쳐 지주의 집을 습격했다. 이때 보수 집강소 민보군이 출동해 농민군 11명을 잡아왔다. 농민군이 "우리를 죽이면 너희가 살아남을 수 있을 것 같으냐?"라고 호령하자 그들을 한천 냇가로 끌고 가 생매장했다.

이 일은 농민군의 가슴을 복수심으로 들끓게 했고 또 최맹순의 분노를 자아냈다. 최맹순은 읍내의 보수 집강소에 "불쌍한 저 백성들은 관에서 벌이는 가렴주구와 구실아치의 토색질과 양반의 토호질을 견디기 어려워 조석도 살아갈 수 없다"는 글을 보내고 책임자 처벌을 요구하고 보수 집강소의 설치를 힐문했다. 이어 금곡 포덕도와 화지 도회에서도 보수 집강소의 행동을 나무라고 함께 일본 공격에 나서자고 요구했다.

보수 집강소에서는 그들의 요구를 묵살하고 오히려 강경하게 대응했다. 농민군측에서는 곧바로 최맹순 관동수접주를 비롯해 상주, 용궁, 안동, 풍기, 영천, 문경, 단양 등의 13접주가 연합해 예천읍을 공격한다는 글을 보냈다. 그리고 북쪽의 금곡, 서쪽의 화지에 수만 명의 농민군이 집결해 예천읍을 사방으로 포위하고 양식과 땔감의 통로를 막아 한 달 이내에 적을 고사시킨다는 작전을 짰다.

이런 정황을 염탐한 보수 집강소에서는 8월 23일 먼저 공격에 나서 농민군측에 약간의 피해를 주고 퇴각했다. 하지만 읍내의 사정은 절박해 "읍내의 방수(防守)가 거의 한 달 동안 밤낮으로 계속되어 사람들이 잠을 자지 못하고 저자와 길 막힌 것이 또 한 달 가까이 되어 땔감과 양식이 끊어져 읍내 백성들이 모조리 주려 울부짖는 소리가 진동하고 있다"(『갑오척사록』)고 했다.

이때 민보군의 공격 소식을 들은 최맹순은 결연한 행동을 감행했다. 8월 28일 한낮 화지 농민군 수천 명이 읍내 10여 리 지점에 나와 진을 친 것이다. 하지만 농민군은 보수 집강소의 반격으로 일시에 무너져 달아나다가 많은 사상자를 남기고 물러갔다. 예천의 농민군 집강소 활동은 이처럼 끈질기게 전개되어 경상도 지역의 본보기가 되었다.

강원도·황해도 지역의 집강소 활동은 그 성격을 구분짓기 애매해 2권 4장에서 다룬 지역 봉기과정에서 살펴보기로 한다.

6장

집강소,
민주주의의 뿌리를
내리다

집강소의 역사적 의의

집강소는 본디 동학 교주 최시형이 포덕을 하면서 육임제를 만들어 각기 역할을 맡긴 데서 비롯된 것으로 종교 활동을 위한 일종의 점조직이었다. 농민군은 이를 변혁운동을 펼치는 집강소로 활용한 것이다. 이름은 같으나 그 역할은 달랐다고 할 수 있다. 집강소의 성격은 기층 민중에 의한 직접 통치기구라고 할 수 있다. 조세와 군납을 포함해 본디 조정에서 군현의 수령에게 위임한 일을 대신 수행했기 때문이다.

게다가 농민군 집강소는 지방관의 역할을 대행하기도 했다. 임금이 직접 임명하는 감사와 수령 등의 지방관은 임금이 위임한 권한을 행사했다. 곧 조세, 공물, 군비 등 국가 수취의 징수를 수령 대신 담당했고, 형벌권을 행사했으며, 덕화를 펴고, 풍속을 장려하는 등의 일을 맡았다.

농민군 집강소 기간 동안 도집강인 전봉준은 감사 역할을, 고을 집강들은 수령 역할을 대행했다고 볼 수 있다. 집강들은 과도한 국가 수취를 일부 면제하면서도 군수전을 거두었고 형벌권을 행사했다. 그리고 무엇보다 전근대의 공고한 사회질서인 신분제도를 스스로 타파했다. 이는 엄존하는 국왕의 통치를 대신 집행하는 수령권에 정면으로 도전하는 엄청난 일이었다.

집강소 조직에는 총책임자인 집강을 비롯해 교장(敎長), 서기(書記), 집사(執事), 성찰(省察), 동몽(童蒙)의 직책을 두었다. 대체로 서기는 집강의 지시를 받아 업무를 수행하는 실무 책임자였고 집사는 문서를 전달하고 관리하는 일을 맡았던 것으로 보인다. 성찰은 집강소의 전위 행동대로 마을의 규율을 다스리는 경찰 역할이었고 동몽은 일선 행동대로 주로 혈기왕성한 청소년들로 구성된 조직이었다. 성찰과 동몽은 부정한 벼슬아치와 구실아치를 잡아 징치하거나 횡포한 양반과 토호를 잡아 꾸짖었으며 집강소 규율을 어긴 자들을 감시, 적발하기도 했다.

집강소의 농민군은 종과 상전, 백정과 양반, 여자와 남자, 어린아이와 어른, 평민과 벼슬아치 모두 예외 없이 서로 접장이라 불렀으며 만나면 맞절을 했다. 전봉준을 부를 때에도 '전봉준 접장'이라 했고 어린아이나 부녀자도 예외는 아니었다. 아이들은 '동몽 접장'이라 불렀다. 다만 동학에 입도하지 않은 사람은 속인, 동학교도는 도인이라 부르며 구분했고 나이 많은 도인을 교장이라 했다. 맞절을 할 경우에도 농민군 두령은 졸개들을 보면 먼저 절을 했다(『오하기문』, 『일사』). 이처럼 서로 동등한 호칭을 사용하고 같은 자세로 절을 한 것은 그들이 추구한 신분 해방과 평등의식의 진정성을 보여준다.

흔히 인류 역사에서 동등한 호칭을 통해 평등을 실현하고자 한 시도는 1917년 러시아혁명 이후 '동무(토바리시)'를 사용한 것을 처음으로 꼽는다. 최시형도 포덕을 하면서 도인들끼리 접장이라 부르도록 했다. 그러므로 동학과 동학농민군은 평등의 호칭을 러시아보다 최소 20여 년 앞서 실천한 것이다.

맞절도 신분 차별을 형식에서부터 없애는 방법이었다. 인류 역사에서 계급이 생긴 이래로 의례는 존비와 상하를 구별하는 기초였다. 이를 가장 중시한 것이 공자의 예절을 받드는 유교였다. 조선시대에 절은 국가 의례는 물론이고 군현에서 벌이는 향음주례(鄕飮酒禮)에서 노소(老少)와 장유(長幼)의 질서를 세우는 기초가 되었다. 이를 집강소에서 타파한 것은 유교의 통치질서를 거부한 것이나 다름없었다. 이에 대해 황현은 다음과 같이 적었다.

> 적당이 모두 천인, 노예여서 양반과 사족을 가장 미워했다. …… 무릇 남의 노비로 적을 따르는 자는 말할 것도 없거니와 비록 적을 따르지 않는 자도 모두 적들에 묶여 상전을 겁주었다. 그래서 노비 문서를 불태워 강제로 해방하여 양인으로 만들게 했다. 또는 그 주인을 결박하여 주리를 틀고 매질했다. 노비를 둔 자들은 지레 겁을 먹고 노비 문서를 태워 그 화를 풀었다. 순박한 노비들이 더러 태우

지 말기를 원했지만 기세가 원체 거세어 노비 상전들이 더욱 두려워했다. 혹 사족이나 노비 상전 들이 노비와 함께 적을 따르는 자들은 서로 집강이라 불러 그 법을 따랐다. 백정 재인들이 평민 사족과 맞절을 하자 사람들은 더욱 이를 갈았다.

— 『오하기문』

이 글은 노비들의 활동을 중심으로 기술하고 있으나 일반 농민과 중간 지주도 관습 타파에 상당수 참여했다. 오지영은 집강소에서 수행한 일을 다음과 같이 적었다.

이른바 부자·빈자, 양반·상놈, 상전·종놈, 적자·서자 등 모든 차별적 명색은 그림자도 보지 못하게 되었으므로, 하여 세상 사람들은 동학군의 별명을 지어 부르기를 나라에 역적이요, 유도에 난적이요, 부자에 강도요, 양반에게 원수라고 하는 것이며, 심한즉 양반의 뒤를 끊으려고 양반의 불알까지 까는 흉악한 놈들이란 말까지 떠돌았다.

— 『동학사』

이는 당시 떠도는 말뿐 아니라 실제로 일어난 일을 사실적으로 기술했다고 할 수 있다. 이렇게 집강소를 통한 자생적인 신분타파운동, 상하존비 곧 계급의식을 타파하고자 한 예절개선운동은 인권사의 관점에서도 중요한 역사적 사건이었다.

모순의 청산과 그 한계

앞에서 살펴본 대로 농민군이 한 고을을 점령하면 먼저 관아의 창고를 털어 빈민에게 나누어주었고 때로는 불량한 부호의 곳간을 헐기도 했다. 농민군은 고을에서 누가 밥을 굶고 있는지를 알아내 곡식을 보내주고 노인들을 보살폈다. 이는 동학의 유무상자(有無相資)라는 가르침을 따른 것이기도 했다.

전봉준은 특별한 경우가 아니면 지주와 부호의 돈과 쌀을 강제로 빼앗지 않았다. 대신 부호들에게 시세보다 싸게 쌀을 사서 빈민들에게 싼 값에 되팔았다. 부호들에게는 일종의 잉여생산물이지만 빈민들에게는 생존에 필요한 양식이므로 강제로 유통시키되 합리적인 해결책을 모색한 것이다. 쌀을 받을 때는 반드시 표지(標紙, 어음과 같이 뒷날 지불을 약속하는 증표)를 발행했다. 전봉준이 관할한 집강소에서는 이를 어김없이 시행한 것으로 보인다.

이런 사례로 장성에는 울산 김씨 집성촌이 있었다. 이들은 양반 행세뿐 아니라 부호들이 많았고 세도가 여흥 민씨 집안과도 연줄이 닿아 있었다. 전봉준은 그들을 모아놓고 일정한 분량의 양곡을 내게 한 뒤 표지를 나누어주었다. 그들은 뒷날 이 사실이 알려져 '역적을 도왔다'는 비난을 받기도 했다.

또 집강소에서는 고리채 정리를 실시했다. 조선시대 국가 차원에서 시행했던 환곡제도를 흉내낸 고리채가 바로 장리(長利)였다. 장리는 가진 자가 가난한 자에게 곡식이나 돈을 빌려주고 받는 고율의 이자를 말한다. 이자가 얼마나 높았던지 1년 뒤에 이자는 원금의 두 배 정도로 불어났다. 집강소에서는 민막의 하나로 이를 지목하고 고율의 이자를 갚지 않게 했다.

끝으로 집강소에서는 봉건체제의 경제적 기반인 토지제도를 뜯어고치고자 했던 듯하다. 이는 "토지는 평균으로 분작(分作)케 할 사"라는 오지영의 기록에서 볼 수 있듯이 대지주의 농토를 거두어 농민들에게 고루 나누어주려는 것이다. 여기에는 대군이나 공주 등 왕실 소유의 궁방전도 포함된다. 만약 시행되었다면 이는 한국사를 통틀어 혁명적인 조치였겠으나 집강소 활동 기간이 짧아 뜻을 이루지 못한 것으로 보인다.

전하는 말에 따르면 전봉준은 정약용의 『경세유표(經世遺表)』를 읽었다 한다. 그렇다면 그는 실학자들이 주장한 공전론(公田論), 한전론(限田論), 그리고 정약용이 주장한 여전론(閭田論)을 알고 있었을 것이다. 이 이론들의 핵심은 토지 소유권을 국가가 가져야 한다든지, 개인이 일정 한도 이상의 토지를 소유하지 못하게 한다든지, 공동 소유와 공동 경작, 공동 분배를 통해 토지와 그 소출을 관리하게 하자는 것이다. 지향하는 바가 일치하기는 하지만 실제로 전봉준과 농민군 지도부가 실학자들의 이론을 도입해 토지 개혁을 실천하려고 했는지는 확인할 수 없다.

설령 그렇다 하더라도 이 문제는 오랫동안 토지를 소유한 기득권 세력의 존립과 연결되기 때문에 결코 하루아침에 바뀔 수 있는 일이 아니었다. 만약 집강소의 활동 기간이 좀더 길게 이어졌다면 역사는 다르게 흘러갔을 것이다.

집강소 활동에는 그 폐해도 없지 않았다. 부호의 재산을 거둘 때 전봉준의 지시와는 달리 무리한 방법이 동원되기도 했다. 무엇보다도 개인적인 감정이 쌓여 있거나 원수 사이일 때는 복수 차원에서 재산을 빼앗기도 했다. 또 양반의 무덤을 파헤치는 경우도 많았는데, 본디 자기 조상의 묏자리를 토호들에게 빼앗겼을 때 이런 일이 벌어졌다.

전라도 김개남포에서 지휘하는 집강소의 경우 이런 폭력적 방법이 자주 동원되었다. 그들은 부호들에게 동의나 협조를 구하지 않고 강압적으로 군수품을 모아들였다. 남원은 양반 부호의 수난이 가장 심했던 곳으로 말을 듣지 않으면 서슴없이 죽일 정도였다. 김개남은 남원부사 이용헌이 시키는 대로 따르지 않는다고 그를 죽여버렸다.

이에 전봉준은 '전라좌우도 도집강'의 이름으로 각지에 집강소의 폐단을 바로잡으라는 통문을 보냈다. 그가 현장에 자주 다니면서 감독했으나 일일이 직접 해결할 수도 없었고 김개남포는 아예 손을 쓸 길이 없었다. 1894년 7월 8일자로 고을 집강에게 보낸 통문에서 "지금 우리의 이와 같은 거사는 오로지 백성을 위하고 폐해를 없애는 것이다"라고 하면서 금단하라고 일렀다.

통문에서 분명히 밝히지 않았지만 이런 일을 저지른 세력은 주로 김개남포였을 것이다. 이것이 맞다면 내부 갈등의 모습마저 비친다. 과격한 집단행동을 하는 자에게는 벌을 주어 막겠다는 뜻을 나타낸 것이다. 전봉준은 집강소 활동이 잘 정착되려면 전라감영과의 협조도 중요하지만 민심을 잃지 않도록 조심스럽게 처신해야 한다고 생각했을 것이다.

한편, 이런 과격행위는 전라도뿐 아니라 동학 조직 또는 집강소 활동이 활발한 지역에서 산발적으로 나타났다. 곧 경상도의 진주, 하동, 김산, 예천 등지와 충청도의 공주, 부여, 예산, 홍주 등지였다. 하지만 뒷날 동학농민혁명 2차 봉기에서 패함으로써 집강소를 통한 '아래로부터의 변혁'은 결국 실패로 돌아갔다. 그들이 꿈꾸었던 농민 세상은 '폐정 개혁 12조'로 전해지는 오지영의 기록에서 엿볼 수 있다.

하나. 도인과 정부 사이에는 묵은 혐의를 깡그리 쓸어버리고 여러 정사에 협력할 사

하나. 탐관오리는 그 죄목을 조사하여 낱낱이 엄하게 징벌할 사

하나. 횡포한 부호의 무리는 엄하게 징벌할 사

하나. 불량한 유림과 양반 무리는 엄하게 징벌할 사

하나. 노비 문서는 불태워 없애버릴 사

하나. 칠반천인(七般賤人, 일곱 종류의 천한 사람)의 대우는 개선하고 백정이 쓴 평량립(平凉笠, 패랭이)은 벗길 사

하나. 청춘과부의 개가를 허락할 사

하나. 무명잡세는 일체 부과하지 말 사

하나. 관리 채용은 지벌(地閥, 지역 연고)을 타파하고 인재를 등용할 사

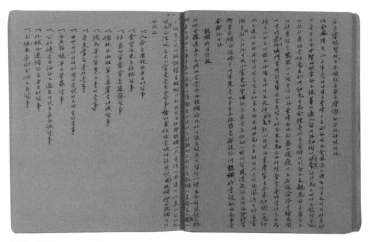

폐정 개혁 12조 동학농민혁명에 직접 참여한 오지영은 『동학사』를 저술하고 폐정 개혁 12조를 기록해놓았다(국사편찬위원회).

하나. 왜(倭, 일본)와 간통하는 자는 엄하게 징벌할 사

하나. 공사의 채무를 가리지 말고 기왕의 것은 소멸시킬 사

하나. 토지는 고르게 나누어 짓게 할 사

—『동학사』

이를 다시 풀어보면 첫째, 탐관오리, 횡포한 부호, 불량한 유림과 양반을 징벌한다는 것 둘째, 노비와 칠반천인, 백정의 신분 차별을 없애거나 개선한다는 것 셋째, 고른 인재 등용 넷째, 청춘과부의 개가 다섯째, 무명잡세와 공사 채무의 해소 여섯째, 토지의 분작으로 나뉜다. 그런데 이 개혁안은 전주화약의 조건이 될 수 없다. 일개 지방행정관이 봉건제

도의 골간인 신분제도와 토지 소유의 문제를 함부로 논할 수 없었기 때문이다. 다만 농민군이 이처럼 전주화약의 조건으로 제시한 12개 조항은 봉건제도의 모순을 타파하고 '자생적인 근대'를 준비하고자 했던 동학농민군의 이상을 잘 보여준다. 하지만 이 조항에는 신중해야 할 문제가 포함되어 있다.

한편, 『동학사』 초고본(필사본)에는 "정부측은 의군측에 향하여 여러 가지 폐정 개혁안을 제출해 이를 앞으로 실시하겠다는 서약을 정하고 양방에서 퇴병했다"라고 쓰여 있다. 정부측에서 먼저 마련했다는 뜻이다. 또 12개 조항을 적고 화약조건이라 하지 않고 집강소의 정강(政綱)이라 했다. 집강소에서 농민군이 개혁하려는 기본 항목이라는 뜻이다. 여기에는 앞에서 언급한 조항과는 조금 다르게 "과부의 재가를 허할 사"와 "지벌을 타파할 사"를 빼고 "인명을 함부로 죽인 자는 베일 사"와 마지막에 "농군에게 두레법을 장려할 사" 등을 제시했다. 하지만 "토지를 고르게 짓게 할 사"라는 내용은 포함되어 있었다. 오지영의 두 기록은 때로 과장되기도 하며 정확하지 않기도 한다.

당시 집강소 운영 기간은 처음 고부 고을을 접수한 때로부터 길게 보면 8, 9개월 정도였을 것으로 짐작된다. 오지영은 호남 53개 고을에 모두 집강소가 설치되었다고 했으나 적어도 공식적으로는 앞에서 설명한 바와 같이 나주와 운봉 두 곳에는 설치되지 않았던 것으로 나타난다.

마지막으로 동학농민군 집강소의 개혁과 갑오개혁의 차이에 대해 알아보자. 초기 집강소 활동보다 2개월쯤 늦게 7월에 공포된 갑오개혁에는 문벌과 반상을 타파하고 인재를 뽑아 쓴다는 것, 부녀의 재가는 귀천을 가리지 않고 자유에 맡긴다는 것, 공사 노비를 혁파하고 인신매매를 금지한다는 것, 역인·재인·백정 모두 천인의 신분에서 벗어나게 한다는 것 등의 조항이 있었다.

그런데 농민군이 요구한 12개 조항에서 조세, 부채, 토지, 무역 등의 항목은 빠져 있었다. 그러니까 갑오개혁은 농민군의 요구 사항을 부분적으로 수용한 것이다. 당시 사회 모순 중에서도 봉건체제의 바탕이었던 신분 문제야말로 가장 중요한 당면 과제였다. 조선 후기에 이르러 신분 차별에 따른 계급 간의 갈등이 사회 통합을 저해했다. 갑오개혁이 공포되자 농민군은 처음에 이를 파악하지 못했으나 7월 15일 남원대회에서 정식으로 논의되었고 전라감사 김학진도 이를 알고 있었다.

갑오개혁을 알리는 공문은 전라감영뿐 아니라 전국의 감사에게 전달되었고 그들은 자신들의 관할 고을에 이 사실을 알렸다. 강진의 사례를 살펴보자. 강진 병영에서 접수한 내용에는 "백성의 의복을 개정하고, 재인·도한(백정)·역인의 무리에게는 일체 천직을 없애고 같이 볼 것이며, 인재를 쓸 때는 문벌을 가리지 않고, 과부의 재가는 자유에 맡긴다"는 지시를 알렸다. 그리하여 이를 본 깨달은 천민들의 활동이 더욱 활발했던 것이다.

그러나 실제로 현장에서는 양반과 상전이 반발해 제대로 실행되지 못했다. 이는 한마디로 기득권 세력의 저항이었다. 오히려 서로 살상하는 분란마저 일어났다. 게다가 토지 문제는 신분제도와 함께 봉건제도를 떠받치는 두 축이라 할 수 있는데, 이를 건드리지도 않은 갑오개혁은 반절의 개혁에 지나지 않을 것이다.

북접의 견제와 일본 첩자들

전봉준, 김개남, 손화중 등이 고부에 이어 무장에서 봉기한 뒤 각지에 격문을 보내 봉기를 선동하고 이어 전주성에서 화약을 맺은 뒤 집강소 활동을 벌이자, 이에 최시형은 전국의 교도들에게 통유문을 여러 차례 보냈다. 최시형은 초기부터 줄곧 동학교도들의 봉기 참여를 만류하는 입장이었다.

> 근래 들으니 교도가 본분에 안도하지 못하고 생업에 힘쓰지 아니하고 당여(黨與)를 각각 세워서 서로 성원함에 예전 원수를 눈을 흘기며 갚으려 함에 이르러 위로 군부의 연연한 근심을 끼치고 아래로 생령이 도탄에 빠지는 근심을 불러오니 말이 이에 미치매 어찌 한심치 않으리오. 이와 같이 널리 타이른 뒤에 잘 깨달아서 숨어 지내며 도를 지키지 아니하고 한결같이 미망에 잡혀 같은 악으로 서로 연결하면 하늘을 거스르고 스승을 배반함이라. 결단코 북을 울려 교에서 쫓아낼지니 이것을 모두 잘 알아서 한 점이라도 따라 어기지 말라.
>
> ─『천도교교회사』

이대로라면 그는 남접의 봉기를 초기부터 막으려 했던 것이다. 이어 전봉준이 중앙에서 보낸 관군을 장성에서 격파하자 최시형은 다시 전봉준에게 경고문을 보냈다.

> 아비의 원수를 갚고자 할진대 마땅히 효도할 것이오, 백성의 곤궁을 구하고자 할진대 마땅히 어질지라. …… 더구나 『동경대전』에 이르되 "현기(玄機)를 드러내지 말고 마음을 급하게 먹지 말라"고 했나니 이는 선사의 유훈이시라. 운이 아직 열리지 않고 시대 또한 이르지 아니했나니 망동처 말고 진리를 더욱 궁구하여 천명을 어기지 말라.
>
> ─『천도교교회사』

"아비의 원수를 갚고자……"의 구절은 전봉준의 개인적 복수심을 지적한 말이요, '현기' 운운한 것은 동학의 신비주의와 관련된 용어다. 최시형은 계속 교도들에게 망동하지 말 것을 일렀다. 이에 호남에서도 북접의 지시를 따르는 교도들은 전봉준의 봉기에 가담하지 않았고 남접 중심의 호남과 북접 중심의 충청에서 각기 남접과 북접끼리 서로 싸우고 죽이는 일까지 벌어졌다.

특히 전봉준과 김개남이 집강소를 설치하고 고리채 정리, 신분 타파, 부정한 수령의 처단 등을 이어갈 때 이런 분쟁은 더욱 잦았다. 북접의 영향권에 속하는 도소에서는 북접의 지시를 받아 집강소 활동에 참여하지 않고 오히려 방해했다. 더욱이 교단에서는 남접을 치라는 뜻으로 '벌남기(伐南旗)'를 만들어주기도 했다.

그러나 조정에서는 남접과 북접을 한 무리로 보고 탄압했다. 북접 계통에서도 최시형의 경고를 무시하고 각지에서 봉기를 일삼거나 북접 내의 서장옥, 황하일 등은 행동에 나설 것을 주장했다. 그리고 뒷날 남접에서 2차 봉기를 단행하며 북접의 호응을 여러 차례 요구해오자 최시형은 손병희에게 대통령기(大統領旗, 큰 통령을 상징하는 깃발)와 벌남기를 주며 공주와 이인에서 전봉준과 회동하게 했다. 손병희는 논산에서 전봉준을 만나 벌남기를 찢고 척왜양창의기(斥倭洋倡義旗)를 내걸고는 연합전선을 펼쳤다. 이 내용은 2권에서 다룰 것이다.

이와 달리 곳곳에서 정탐하는 일본 첩자들은 오히려 농민군의 봉기를 부추겼다. 일본 첩자들은 개항 이후, 보은집회와 원평집회 이후 조선으로 들어와 곳곳에서 활동했다. 그들은 쌀장수, 약장수, 방물장수로 위장했고 무사 출신 협객(俠客)들이 정보를 수집하기도 했다. 일본 첩자들은 조선의 역사나 풍속도 어느 정도 알고 있었다. 그들은 조선인 친구를 사귀어 첩보 활동을 시작했다. 예를 들면 쌀장수는 조선인 미곡상과 보부상 또는 숙소로 정한 객주나 여각 상인 들을 이용해 정보를 수집했다. 이들은 늘 몸에 권총이나 칼을 지니고 다녔으며 예절에 밝고 인사성도 좋아 호감을 샀다. 때로는 어려운 사람을 돕기도 하여 겉보기에는 매우 예절바른 일본인이었다.

일종의 보고서인 『조선잡기』를 쓴 혼마 규스케(本間久介)는 협객단체인 천우협(天佑俠) 일원으로서 천우협의 기관지인 『니로쿠신보(二六新報)』기자로도 활동하면서 1893년에 처음 조선에 진출했다. 그는 약장수로 위장하고 황해도, 경기도, 충청도 지방을 염탐했다. 다음해 이 염탐기를 『니로쿠신보』에 연재한 뒤 '조선잡기'라는 이름을 달아 책으로 묶어 간행했다. 이 책에는 조정과 벼슬아치의 부정부패와 양반의 횡포, 그리고 풍속, 민심, 도로, 교량, 시장의 모습 등을 담았다. 또 조선 사람들이 불결하고 나태하며 순진하다고도 기록했다. 다만 동학 접주 서병학을 만난 뒤 그를 지사라고 칭송하기도 했다.

일본 첩자 파계생은 쌀을 수집해 운송할 배를 이끌고 부안의 줄포에 들어와 활동했다. 그는 고부 봉기와 황토현전투의 정보를 모아 보고서 형식으로 쓴 『전라도고부민요일기』를 일본공사관에 보냈다. 이 자료는 당시 봉기의 실상을 잘 전해준다.

파계생은 이 글에서 "예전 송도의 민란에 일본인 한 사람이 횡사한 소식을 얻어들은 이래 외로운 나그네가 속으로 한심하던 무렵에 한 번의 민란으로 그 목적을 달성하지 못해 다시 이번의 거사가 있음을 알았고, 또한 그들의 풍속에 외국인에 대한 모멸감이 치열한 것은 일본의 부랑인과 거의 같음이 있어서 그러함을 알게 되니 어찌 내심에 평안할 수 있겠는가. 하물며 내 종형이 갑신년 경성사변에 횡사해 비참하고 두려운 마음이 아직도 내 속마음을 떠나지 않음에랴"라며 심경을 토로했다.

이어 본격적으로 동학농민혁명이 일어나자 일본은 약장수와 관광객으로 위장한 더 많은 밀정을 투입해 그 진행과정과 정보를 입수했다. 이

때 일본의 정보 수집망은 두 부류로 나뉘었다. 하나는 일본 육군 참모본부에서 이지치 고스케(伊地知幸介) 소좌를 부산에 파견해 조선 주재 일본공사관 와타나베 데쓰타로(渡邊鐵太郎) 대위 등과 함께 정보 수집에 종사하게 한 것이다. 이 두 정보원은 종래의 밀정들인 약장수와 관광객을 지휘해 전라도 일대뿐 아니라 전국의 동정을 살폈다. 또하나는 해군의 지휘에 따라 측량선과 상선으로 가장한 배를 이용해 해안 일대를 다니며 아무 곳이나 상륙해 정보를 수집하거나 청나라군의 동정을 살폈다.

이와는 별개로 낭인들로 구성된 일본 극우단체인 현양사(玄洋社)의 천우협패는 부산에 상륙해 은밀히 정보를 수집하며 농민군에게 접근했다. 그들 중 다케다 한시(武田範之), 우치다 료헤이(內田良平), 스즈키 텐간(鈴木天眼) 등은 경상도 일대를 거쳐 전라도로 진입했다. 그들은 부산의 오사키 쇼키치(大崎正吉)의 법률사무소를 거점으로 정보를 수집하다가 동학농민혁명이 일어나자 농민군을 이용해 친일 정부를 세우려는 계획을 세우기도 했다. 마침내 그들은 집강소 활동을 벌이고 있는 전봉준을 만나기까지 했다.

6월 초 다케다 한시 등 낭인 10여 명은 집강소 업무로 순창에 머물고 있던 전봉준을 만났다. 그들은 다이너마이트와 같은 무시무시한 무기를 소지하고 전봉준을 찾아갔다. 낭인들은 국제 정세와 청나라의 횡포를 이야기하면서 일본과 손잡고 청나라 군사를 몰아내고 조선을 자주국으로 만들자고 제의했다. 전봉준은 점잖게 대하면서도 그들의 제의를 거절했다. 낭인들은 뒷날을 기약하며 조용히 물러갔다. 이때의 대화는 통역을 두지 않고 필담으로 이루어졌다 한다(『동아선각지사기전(東亞先覺志士記傳)』).

또 서울에 있던 일본 육군 군사(軍司) 대위 출신 우미우라 아쓰미(海浦篤彌)와 그의 친구인 의사, 약사로 구성된 공작단은 7월 초 전봉준을 만나기 위해 서울에서 출발했다. 그들은 충청도 보은과 전라도의 금구, 원평을 거쳐 능주로 내려갔다. 그들은 전봉준의 뒤를 물어물어 따라다녔다. 그 과정에서 원평 집강소에 묵으며 그곳의 동정을 비교적 자세히 기록하기도 했다. 전봉준은 당시 집강소 활동을 독려하기 위해 전주에서 원평을 거쳐 남도로 내려가 능주에 머물고 있었다. 일본 공작 패거리들은 마침내 능주에서 전봉준을 만났다. 그들은 전봉준에게 조선의 내정 개혁에 힘을 보탤 것과 조선 독립을 방해하는 청나라군을 물리치는데 협조하겠다고 제의했다. 전봉준은 그 문제는 자신들의 힘으로 풀어나가겠다는 의지를 밝히며 다시 정중히 거절했다. 그들은 서울로 돌아와 『동학당시찰일기(東學黨視察日記)』라는 보고서를 일본공사관에 올렸다.

이어 8월 초 청일전쟁이 한창인 무렵 낭인들은 다시 특수 임무를 띠고 용산을 출발해 전주로 숨어들었다. 그들은 전주 선화당 골방에서 전봉준과 은밀하게 마주앉아 3시간에 걸쳐 필담을 나누었다. 낭인들은 전봉준에게 지금의 여러 정세를 이야기한 뒤 가르침을 달라고 요청했다.

전봉준은 먼저 농민군이 봉기한 뜻을 전하고 지금 일본이 청일전쟁을 도발한 것은 심히 유감이라고 이야기했다. 이어 "민씨가 축출되고 흥선대원군이 등용되어 우리 소망이 많이 달성되었으나 일본과 흥선대원군의 속셈을 알 수 없어서 안심이 되지 않는다"고 한 뒤 "나는 동지들이 봉기하려는 것을 되도록 말리고 우리 조정의 동정을 살피려 한다"는 말로 마무리했다. 낭인들은 조선왕조를 타도해야 한다는 뜻을 간곡히 전달했으나 전봉준은 대답하지 않았다. 전봉준은 적어도 자신의 속내를 낭인들에게 함부로 드러내지 않았던 것이다.

전봉준이 그들을 만난 것은 그 나름대로 일본의 음흉한 계획을 엿보는 통로로 삼으려 했던 것으로 보인다. 전봉준은 그들의 충동질에 흔들리지 않고 자신의 원대한 구상에 따라 다음 행보를 모색했다. 낭인들은 전봉준에게 여러 이유를 들며 재봉기를 부추겼으나 결국 전봉준의 동의를 얻지 못했다. 애초부터 전봉준과 일본 낭인들의 이상과 뜻이 달랐기에 당연한 결과였다.

낭인 패거리는 단순히 칼이나 쓰는 깡패가 아니었다. 내외의 정세를 잘 아는, 고도로 훈련된 자들로서 일본의 외교관이나 고위급 관리의 참모로 활동했다. 또 다음해 전봉준이 체포되어 일본영사관 순사청에 감금되었을 때 그를 찾아와 설득하며 구명운동을 벌이기도 했고 경복궁에 침입해 민비를 죽이는 만행을 저지르기도 했다. 한편으로는 조선 침략의 첨병이요 행동대였지만, 또 한편으로는 전봉준의 큰 그릇을 알아보고 흠모한 역사의 흥미로운 조연들이었다.

쌀의 품귀와 쌀값의 폭등

부산을 비롯한 인천, 원산 등지의 개항장에 등장한 일본인 미곡상들은 1894년 봄부터 울상을 지었다. 서해안과 남해안 포구에서 들어오는 쌀 물량이 갑자기 절반 이하로 떨어졌기 때문이다. 작은 포구마다 자리잡고 있던 일본 미곡상들은 신변의 위협을 느껴 철수했고 각지의 보부상들도 쌀을 매입하기 어려웠다.

일본 첩자들의 보고에 따르면 앞으로 상당 기간 미곡을 확보할 수 없을 것이라고 했다. 일본 당국자들은 조선 침략을 위한 군대 파견을 앞두고 현지의 미곡 확보가 원활하지 않으면 작전에 차질을 빚는다고 우려했다. 이에 대해 다음과 같은 기록이 전한다.

> 전라도 안의 동학당의 발호가 더욱 심해지고 있는데, 부산항에 그 여파가 미쳐 두 나라의 무역이 한층 쇠퇴했다. 경상도는 반토막이 났고, 전라도는 거의 거래되지 않고 있다. 이는 모두 동학당의 소란 탓이다. …… 보부상 무리들은 모두 휴업 상태에 빠져 생업을 포기하고 있다.
>
> — 김태영 편, 『통상휘찬(通商彙纂)』

그런데 그해 음력 4월에는 기이한 현상이 일어났다. 전라도에서 생산된 쌀이 뜻밖에도 부산항에 많이 들어왔다. 이는 전라도 부호들이 농민군에게 쌀을 빼앗기는 것이 두려워 쌀을 몰래 팔아버렸기 때문이다. 다만 이는 일시적 현상이었다. 뒤이어 평상시보다 쌀, 콩, 쇠가죽의 물량이 뚜렷이 감소했다.

인천 제물포항의 경우는 더욱 심각했다. 제물포항에는 위로는 황해도 조운선이 들어오기도 했으나 주로 황해안 남쪽의 군산과 법성포 등에서 들어오는 조운선과 연결되어 있었다. 이 시기 제물포항에는 군산창의 미곡 공급이 중단되었다. 군산은 철도가 아직 연결되지 않고 개항장으로 지정되지 않았으나 전주, 옥구, 익산, 금구, 태인, 김제 등 만경평야와 김제평야의 주변 고을 세미를 모아 조운선에 실어 마포로 보내는 통로였다. 따라서 군산창은 호남 제일의 곡창지대에서 생산되는 쌀을 집산하는 곳이었다. 기아에 허덕이던 동학농민군은 쌀 유출에 누구보다도 반감을 보였으므로 군산창을 주목하지 않을 수 없었다.

농민군은 금강 입구를 틀어쥐고서 군산과 옥구를 비롯해 장항, 서천, 한산을 차지하고 있었다. 그들이 군산창의 세미 불법 유출을 막아 집강소를 운영하는 동안 일본 상인들은 이곳에 얼씬도 하지 못했다. 앞에서 언급한 줄포의 경우처럼 일본 상인이나 조선 중개인, 보부상 등은 농민군에게 붙잡히면 목숨이 위태로웠다. 농민군은 군산창이 폐쇄되자 제물포항을 한산하게 만들어 일본의 쌀 수입에 막대한 지장을 주었다.

이런 현상에 일본 장사꾼뿐 아니라 일본 외무성 통상국과 주한 일본영사관은 당황했다. 일본 당국자들이 1년 전부터 우려했던 일이 이때 실제로 일어났던 것이다. 일본의 산업 통상 관련 부서에서는 보은집회에서 농민군이 외국 상품 불매운동을 벌이면서 수입품인 옥양목을 거부하고 우리 베옷을 입자는 주장을 내세운 것에 주목했다. 일본은 그동안 영국제 면포를 중개무역하면서 조선 개항장을 주시해왔다. 일본 상인들은 조선 내륙에서 행상을 하면서 청나라 상인들과 경쟁을 벌이고 있었다. 장시가 열리는 날 일본 상인들은 한강, 금강, 임진강, 낙동강, 영산강에 작은 배를 띄워 돌아다녔고 내지에서는 나귀와 말을 이용해 금건 상표가 붙은 면포와 석유를 비롯해 '동동구리무(크림 화장품)' 등의 잡화, 점 빼는 약과 금계랍 따위를 팔았다. 대신 그들은 쌀, 콩, 쇠가죽 등을 대량으로 구입해갔다.

그리하여 장터의 포목전에는 외국제 옷감인 옥양목을 비롯해 금건과 비단이 가득 쌓여 부모의 회갑이나 자녀의 혼사를 맞이한 이들의 발길이 이어졌다. 특히 여름철에는 수요가 몰렸다. 그런데 그해 여름에는 이들 상품이 거의 팔리지 않았고 쌀과 콩의 무역이 중단되었다.

일본이 가져간 쌀과 콩, 쇠가죽은 어디에 쓰였을까? 쌀과 콩은 먼저 일본 군인들의 군량미로 공급되었고 그다음은 오사카 공장지대의 군수품을 만드는 노동자들에게 보내졌다. 또 쇠가죽은 피혁공장에 군대의 장화, 가방, 마구(馬具)를 만드는 원료로 공급되었다. 훗날 일본군이 조선에 무단으로 진출해 동학농민군을 토벌하고 청일전쟁을 벌일 때 이들 군용물자는 매우 유용하게 쓰였다.

앞에서 밝힌 여러 정황에 따라 일본은 새로운 대조선 정책을 수립했다. 이는 세 가지로 나눌 수 있다. 첫째, 조선의 조정을 자신들 마음대로 조종해 식민지 기반을 닦는 것 둘째, 종주국 행세를 하는 청나라의 간섭을 조선에서 배제시키는 것 셋째, 목숨을 걸고 싸우는 목구멍의 가시 같은 동학농민군을 제압하는 것이었다. 집강소 활동을 통해 새로운 세상을 만끽하던 동학농민군의 운명에 서서히 먹구름이 드리워지고 있었다.

1936년   대구 비산동에서 야산 이달 선생과 어머니 박순금님 사이에서
         출생

1942년   7세 무렵부터 주역의 대가인 부친 아래에서 한문 수학

1945년   부친을 따라 충남 논산 수락리와 대둔산 석정암으로 이주

1949년   안면도 개락금 지역으로 이주

1953년   한영중학교 입학

1955년   광주고등학교 입학, 은단 장사와 여관 종업원으로 일하며 고학

1958년   서라벌예술대학(현 중앙대) 문예창작과 장학생으로 입학, 그해
         부친의 별세로 중퇴, 이후 전국을 돌며 대학 입시 문제집을 팔아
         생계 유지

1960년   광주 집에 기거하면서 4·19혁명 시위에 참여, 이후 서울로 올라
         와 친구 하숙집을 전전하며 취업 준비

1964년   새로 창간된 『불교시보』 기자로 입사, 3년간 근무

1967년   모친 별세

1968년   『신동아』 별책부록 「한국 고전 백선」 작업에 참여, 천관우·박
         종홍·임창순·이숭녕 등 당대의 석학들과 교류, 이 무렵부터
         1974년까지 서울대 규장각에서 고문서 해제 작업

1969년   동아일보사 촉탁직으로 5년간 『동아일보』 창간호부터 기사 색인

작업 참여

1973년 『창작과비평』에 군사 정권에 대한 저항의식 표출한 「허균과 개혁
        사상」 발표

1974년 민족문화추진회 근무, 본격적으로 한국사 연구에 돌입, 이듬해
        『창작과비평』에 유신 정권에 대한 비판을 내포한 「북벌론의 사상
        사적 검토」 발표

1976년 김영희 여사와 백년가약

1977년 학술지 『한국사연구』에 논문 「척사위정론의 비판적 검토」 발표,
        학계의 주목을 받음, 다시 서울대 규장각으로 옮겨 1981년까지
        해제 작업, 아들 응일 출생

1979년 화곡동 자택에 '한문서당' 개설

1980년 5월 '서울의 봄' 당시 학생들과 함께 시위에 참여, 첫 저서 『허균
        의 생각』(뿌리깊은나무) 출간

1981년 전두환 정권하에서 한국정신문화연구원 전문위원으로 임용되었
        으나 1년 남짓 근무 후 사직

1982년 성심여대 국사학과에서 한국사상사 강의, 이후 10여 년간 대학
        강단에 섬

1985년 '한길역사기행', '한길역사강좌'에서 강의, 답사 주도

1986년 역사문제연구소 설립, 초대 운영위원, 부소장·소장 역임, 딸 응소
        출생

1987년 6월 민주항쟁 참여, 『역사비평』 창간준비호에 논문 「역사소설의
        반역사성」 기고

1988년 『한겨레』 창간 발기인, 학술단체협의회 상임공동대표 역임

1989년	동학농민전쟁백주년기념사업추진위원회 발족, 위원장으로 추대

1989년   동학농민전쟁백주년기념사업추진위원회 발족, 위원장으로 추대

1993년   『한겨레』에 "발굴 동학농민전쟁 인물열전" 연재, 12월 동학농민전
쟁백주년기념사업단체협의회 공동대표로 추대, 제7회 심산상 수
상, 『중국역사기행』(웅진지식하우스) 출간

1996년   『동학농민전쟁사료총서』(전 30권, 경인문화사) 출간

1999년   일본 오키나와에서 열린 "동아시아 평화와 인권을 위한 국제회
의"에 참가

2001년   단재학술상 수상

2002년   친일인명사전편찬위원회 지도위원, 한국전쟁 전후 민간인 학살
진상규명과 명예회복을 위한 범국민위원회 상위공동대표 역임

2003년   민족문제연구소 지도위원

2004년   『이이화의 한국사 이야기』 마지막 원고 탈고, 총 22권 완간(한길
사, 2005년 '프랑크푸르트 도서전을 위한 한국의 대표적인 책 100선',
2007년 『한국일보』의 '우리 시대 명저 50선'에 선정), 『만화 한국사
이야기』 7권 출간(삼성출판사, 2011년 9권으로 개정 증보)
고구려역사문화재단 공동대표, 고구려역사문화보전회와 동학농
민혁명기념재단 이사장 역임

2005년   서원대 역사교육과 석좌교수로 초빙, '임종국상'과 '단재상' 심사
위원, 진실·화해를 위한 과거사 정리 위원회와 친일반민족행위
자재산조사위원회 자문위원 역임, 개성에서 열린 남북 역사학자
학술토론회 참가

2006년   임창순학술상 수상

2007년   『역사』(열림원) 출간

2008년	대통합민주신당(현 민주당) 18대 국회의원 후보 지역공천심사위원으로 활동, 허균·허난설헌학술상 수상, 한국간행물윤리위원회 출판특별상 수상, 초대 녹두대상 수상
2009년	진실과미래, 국치100년사업공동추진위원회 공동대표로 추대, '인물로 읽는 한국사' 시리즈(전 10권, 김영사) 출간
2010년	강제병합100년공동행동한국실행위원회 상임공동대표로 추대, 『한겨레』에 회고록 "길을 찾아서-민중사 헤쳐온 야인" 연재(6개월 동안 121회)
2011년	식민지역사박물관건립위원회 위원장, 동학농민혁명정신선양대회 대회장, 한일시민선언실천협의회 상임대표 역임, 자서전 『역사를 쓰다』(한겨레) 출간, 제4회 녹두대상 수상
2013년	역사교육에 대한 권력과 정치의 개입을 개탄하는 16인의 원로학자 중 한 사람으로 "한국사 교과서와 역사교육 문제에 대한 원로교수 기자회견" 참여
2014년	원광대에서 명예문학박사 학위 수여, 『전봉준, 혁명의 기록』(생각정원) 출간, 『허균의 생각』(교유서가) 개정판 출간
2015년	역사 교과서 국정화 행정 예고 철회와 김정배 국사편찬위원장 사퇴를 촉구하는 원로학자 22인에 참여, 『이이화의 한국사 이야기』(한길사) 개정판 출간
2016년	『거리에서 국정 교과서를 묻다』(민족문제연구소) 공동 집필, 『경향신문』의 '경향 70년, 70인과의 동행'에서 명사 70인에 선정, 『이이화의 한 권으로 읽는 한국사』(교유서가) 개정판 출간
2017년	전봉준장군동상건립위원회 창립, 이사장으로 추대, 저항운동의

태동기인 19세기 민중 봉기를 다룬 『민란의 시대』(한겨레) 출간

2018년 전봉준 장군 동상 제막식 주관, 민족문제연구소 이사 취임, 역사 에세이 『위대한 봄을 만났다』(교유서가) 출간, 8월 29일 '식민지역 사박물관'(건립위원회 위원장) 개관, 제11회 녹두대상 수상

2019년 동학농민혁명 정신을 계승·발전시키는 데 헌신한 공로로 전주시 명예시민으로 선정

2020년 3월 18일 오전 11시 향년 84세를 일기로 별세, 유작 『이이화의 동학농민혁명사』(전 3권 교유서가) 출간

정부, 역사 대중화와 역사 정의 실현에 끼친 공적을 기려 국민훈 장 무궁화장 추서. 교육과 연구를 통해 민주·평화·인권·정의의 구현에 기여한 공로로 후광학술상(전남대) 수상

전봉준 고택에서(1990년대 초)

전봉준 고택에서(2019년 4월 25일)

이이화의 동학농민혁명사 1
조선 백성들, 참다못해 일어서다

초판 1쇄 2020년 7월 6일
초판 4쇄 2021년 10월 15일

지은이 이이화

편집 박민영 이희연 | 디자인 김이정 이주영
마케팅 정민호 김경환 | 홍보 김희숙 함유지 김현지 이소정 이미희 박지원
저작권 김지영 이영은 김하림 | 모니터링 정소리
제작 강신은 김동욱 임현식 | 제작처 영신사

펴낸곳 (주)교유당 | 펴낸이 신정민
출판등록 2019년 5월 24일 제406-2019-000052호

주소 10881 경기도 파주시 회동길 210
전화 031) 955-8891(마케팅) | 031) 955-2680(편집) | 031) 955-8855(팩스)
전자우편 gyoyudang@munhak.com

인스타그램 @gyoyu_books | 트위터 @gyoyu_books | 페이스북 @gyoyubooks

ISBN 979-11-90277-53-2 04910
    979-11-90277-52-5(세트)